Amelie
und die Steinzeitjäger

Mit freundlicher Unterstützung

Katholischer Südtiroler Lehrerbund
KSL

AUTONOME PROVINZ BOZEN SÜDTIROL
PROVINCIA AUTONOMA DI BOLZANO ALTO ADIGE
Deutsche Kultur

2011

Covergestaltung: Verlagsanstalt Athesia
Coverillustration: Marion Prossliner
Lektorat: Roland Poli, Historiker und Germanist
Druck: Athesiadruck, Bozen
ISBN 978-88-6011-154-8

Historischer Jugendroman Band 1
www.athesiabuch.it

JÖRG GRONMAYER

Amelie und die Steinzeitjäger

SPECTRUM

Für Chris, meinen Freund und Schwiegervater,
der so früh gehen musste.

* 1941, 2008 †

Eins

Grau strömte vor dem Fenster der Wolkenstein-Mittelschule der Regen herab. Amelie unterdrückte ein Gähnen und schielte zum wiederholten Mal auf die Uhr. Zäh wie Honig kroch der Zeiger über das Zifferblatt. Wann war endlich Pause?

Ihr war schlecht. Schon seit dem Aufstehen brummte ihr der Kopf, und sie fühlte sich elend. Beim Frühstück hatte sie kaum einen Bissen herunterbekommen. Sie zwang sich, ihre Aufmerksamkeit wieder auf das Geschichtsbuch zu richten. Unterrichtsthema: Steinzeit. Oh Mann! Gab es etwas Langweiligeres? Kritzeleien an Felswänden, die die Lehrerin »frühe Kunst« nannte. Die Menschen hausten in Höhlen und ernährten sich von rohem Fleisch. Und wie sahen die überhaupt aus? Nach den Zeichnungen im Schulbuch waren das noch halbe Affen: lange strähnige Haare, zottige Fellumhänge, barfuß. Mit lächerlichen Speeren in der Hand tanzten sie um ein getötetes Tier herum. Man konnte sie fast »Ugha! Ugha!« schreien hören.

Auf einmal war es still in der Klasse. Alle schauten schadenfroh zu ihr herüber. Mist! Wieder mal nicht aufgepasst! Frau Angerer lächelte verkniffen und wiederholte ihre Aufforderung: »Amelie, komm doch mal nach vorne und fasse die letzte Geschichtsstunde für uns zusammen!«

Zögernd stand sie auf. Die Übelkeit in ihrem Magen verstärkte sich. Sie fühlte kalten Schweiß auf ihrer Stirn. Nach zwei Schritten spürte sie, wie ihre Knie nachgaben. Sie sah noch Frau Angerers erschrockenes Gesicht, bevor ihr schwarz vor Augen wurde.

Als Amelie wieder zu Bewusstsein kam, hatte sie das Gefühl, lange und tief geschlafen zu haben. Erleichtert stellte sie fest, dass es ihr besser ging: Kopfweh und Übelkeit waren verschwunden, sie fühlte sich wieder wohl. Lag sie in ihrem Bett?

Ihr war kalt, aber sie angelte vergeblich nach ihrer Bettdecke. Erstaunt stellte sie fest, dass sie ihre Thermo-Jacke anhatte. Die Augen immer noch geschlossen, spürte sie, wie ihr der Wind übers Gesicht blies, und sie roch den würzigen Duft von Erde und Gras.

Irgendetwas stimmte hier nicht! Mit einem Ruck setzte sie sich auf – und blickte fassungslos umher.

Sie war im Freien – in einer Landschaft, die sie noch nie zuvor gesehen hatte. Sie sah auf einen lang gestreckten Hügel, der mit kurzem Gras und spärlichem Gebüsch bewachsen war. Im Talgrund davor schimmerten morastige Seen und kleine Teiche – manche kaum größer als Pfützen. Etwas entfernt erhob sich düster ein gewaltiger Berg, der sie an das mächtige Felsmassiv des Schlern erinnerte.

Das musste ein Traum sein! Bestimmt schlief sie noch. Sie würde sich nicht wundern, wenn gleich ein Ritter in glänzender Rüstung auf seinem Feuer speienden Drachen vorbeigeritten käme …

Inzwischen war der Wind stärker geworden. Die Sonne schien von einem blassen weißlichen Himmel, aber sie wärmte kaum. Seltsam, dass man im Traum so frieren kann!

Eine kleine Spinne krabbelte ihre Jeans herauf. Amelie stand auf und schüttelte sie ab. Vielleicht täte es ihr gut, ein bisschen zu laufen. Sie rannte so schnell sie konnte den Hang hinunter und blieb erst stehen, als sie unversehens bis über die Knöchel im schwarzen Morast versank. Eiskalt schwappte das dunkle Wasser in ihre Turnschuhe. Rasch kehrte sie wieder auf festen Boden zurück. Jetzt war ihr noch kälter geworden. Verwirrt und verunsichert ging sie zurück.

Das war kein Traum! Alles war viel zu echt – sie konnte die Sonne auf der Haut spüren, die langen Haare wehten ihr ständig ins Gesicht, und die nassen Füße fühlten sich an, wie nasse kalte Füße sich eben anfühlen.

Was war bloß geschehen? Wo war sie überhaupt?

Tränen schossen ihr in die Augen, und sie spürte einen dicken Kloß im Hals. Panik stieg in ihr auf. Hektisch durchsuchte sie die Taschen ihrer Jacke, bis sie endlich ihren ganz besonderen Glücksbringer fand. Wenigstens der war noch da: das kaum daumengroße Holzpferdchen, das ihr Großvater kurz vor seinem Tod für sie geschnitzt hatte. Sie nahm es überallhin mit, und nun umklammerte sie es fest mit beiden Händen.

Sie zwang sich, ruhig zu überlegen. Was sollte sie jetzt tun?

Die weite Landschaft schien völlig menschenleer. Kein Haus war in Sicht, nicht einmal ein Weg oder eine Straße. Amelie beschloss, auf den Hügel zu steigen. Von dort müsste sie mehr sehen können.

Oben hatte sie tatsächlich einen weiten, aber zugleich unglaublich fremdartigen Rundblick. Sie sah in ein tief eingeschnittenes Tal. Schroff ragten hohe Felsklippen auf, direkt vor ihr fiel eine steile Geröllhalde zum Talgrund hin ab. Dahinter erstreckten sich schneebedeckte Gipfel bis zum Horizont.

Aber zu ihrer Bestürzung konnte sie nirgends eine Ortschaft oder eine Straße entdecken. Nicht einmal ein Feldweg. Kein Auto blitzte in der Sonne. Nichts war zu erkennen, was auf die Anwesenheit von Menschen hätte schließen lassen.

Erschöpft und mutlos sank Amelie ins Gras und weinte. Ihr Holzpferdchen hielt sie fest in den Händen.

Zwei

Ein Steinchen fiel vor ihr zu Boden. Sie fuhr erschreckt zusammen. Eine bedrohliche Speerspitze befand sich nur wenige Zentimeter von ihrem Gesicht entfernt. Am anderen Ende des Speers erblickte sie ein zotteliges graues Fell mit einem Furcht erregenden Wolfsschädel. Misstrauisch zusammengekniffene Augen starrten sie an. Amelie war wie gelähmt vor Schreck. Ihr Herz raste und ihr Atem ging stoßweise. Auch die Gestalt im Wolfspelz atmete schnell. Sie stieß abgehackt ein paar tiefe, halb geknurrte Laute hervor.

»Was?«, fragte Amelie unwillkürlich.

»Wer bist du? Gehörst du zu den ›Langen‹?«

»Ich … ich weiß nicht …«, stotterte Amelie.

»Was weißt du nicht«, fuhr der ›Wolfspelz‹ sie an, »wer du bist, oder wo du hingehörst? Wo sind deine Leute?«

Die Stimme klang nun hell und klar. Erleichtert stellte sie fest, dass es sich um ein etwa gleichaltriges Mädchen handelte. »Gott sei Dank! Ich habe schon gedacht, ich bin völlig allein hier«, plapperte sie drauflos, »ich heiße Amelie Pinksteiner. Kannst du mich zu deinen Eltern bringen? Die könnten bei mir zu Hause anrufen und …«

Sie wollte aufstehen.

»Bleib!«, herrschte das Mädchen sie an und hob erneut drohend den Speer.

Amelie zuckte zurück: »Was soll das? Nimm den Stock weg! Du machst mir Angst.« – »Beantworte meine Fragen!«, befahl die Speerträgerin barsch. »Wo sind deine Leute und wie groß ist eure Gruppe?«

Amelie holte tief Luft. »Ich bin ganz allein hier. Ich habe mich verlaufen«, begann sie, »nein, nicht verlaufen – eigentlich weiß ich gar nicht, wie ich hierhergekommen bin. Ich bin einfach da unten bei dem Gebüsch aufgewacht. Und jetzt will ich wieder nach Hause.«

»Leg dich auf den Bauch! Die Hände auf den Rücken!«, befahl das Wolfsmädchen. Als Amelie zögerte, packte es sie grob, presste sie mit einem Knie auf den Boden und hatte ihr blitzschnell die Handgelenke gefesselt. »Au, du tust mir weh!« – »Steh auf und geh vor mir her! Wenn du versuchst, zu fliehen, töte ich dich!«

Das fremde Mädchen sagte das mit solchem Ernst, dass Amelie eine Gänsehaut bekam. Es war viel stärker als sie und bedrohte sie ständig mit seiner Waffe. Ihr blieb nichts anderes übrig, als zu gehorchen.

Das Mädchen deutete in das Tal hinunter. »Geh voraus!«

Das Gehen auf dem steilen Geröllfeld fiel ihr schwer. Immer wieder rutschte sie aus. Wegen ihrer gefesselten Hände konnte sie die Stürze nicht abfangen und schrammte sich schmerzhaft die Haut auf. Aber die Speerspitze in ihrem Rücken war unerbittlich und trieb sie voran.

Endlich kamen sie am Talboden an. Das Mädchen wies auf einen Felsblock in der Nähe. Amelie setzte sich und ruhte sich etwas aus. Unterdessen wurde ihre Fleece-Jacke neugierig befingert: »Was ist das für ein seltsames Leder?«, fragte die Speerträgerin schließlich. »Wie macht man diese leuchtende Farbe?«

»Hast du noch nie eine Jacke gesehen?«, gab Amelie unfreundlich zurück und zog schniefend die Nase hoch. »Das ist doch jetzt völlig egal! Ich will endlich nach Hause!«, schluchzte sie auf.

Das Mädchen betrachtete sie noch eine Weile mit gerunzelter Stirn und sah sich Jeans und Turnschuhe genau an, fragte aber nicht mehr weiter. Es löste die Fesseln. Unter dem Wolfspelz zog es einen Beutel hervor, holte einen Lederschlauch heraus und hielt ihn Amelie hin: »Da, trink etwas Wasser!«

Diese betrachtete misstrauisch den speckigen Behälter, während sie ihre schmerzenden Handgelenke massierte. Durstig nahm sie das offene Ende des Schlauchs in den Mund und versuchte, daraus zu trinken. Das weiche Leder rutschte ihr jedoch nach dem ersten Schluck wieder heraus, und der größte Teil des Wassers ergoss sich ihr über Gesicht und

Hals. Prustend schüttelte sie sich und reichte ihn zurück. Das fremde Mädchen sah sie kopfschüttelnd an, nahm selbst ein paar Schlucke und packte den Schlauch wieder ein. »Wir gehen weiter«, sagte es und deutete das Tal aufwärts.

Sie kamen jetzt rascher voran. Das Mädchen hatte Amelies Hände nach der Rast nicht mehr gefesselt, ging aber noch immer mit stoßbereitem Speer hinter ihr. Bei einem dichten Gestrüpp hielten sie an. »Setz dich!«, befahl es nicht unfreundlich und kniete sich selbst ins trockene Gras. Es wirkte nun nicht mehr ganz so bedrohlich.

»Ich muss mir darüber klar werden, was ich mit dir machen soll. Wenn ich dich – so wie du bist – zu meinen Leuten bringe, werden sie dich davonjagen. Also noch mal: Wer bist du und wo ist deine Gruppe?«

»Ich habe es dir doch schon gesagt: Ich heiße Amelie«, begann sie ungeduldig, »ich habe keine Ahnung, wie ich hierher gekommen bin und was mit mir geschehen ist. Ich weiß nicht, was du mit ›Gruppe‹ meinst. Ich will zurück in die Stadt, in der ich wohne – zurück zu meinen Eltern. Bitte, bring mich irgendwohin, wo ich telefonieren kann«, flehte sie, »oder zeige mir wenigstens den Weg zu einer Polizeiwache. Die werden mir weiterhelfen«.

Verwirrt sah das Wolfsmädchen Amelie an. »Du sprichst zwar unsere Sprache, aber ich verstehe deine Worte nicht. Es kann einfach nicht sein, dass du alleine hier bist! Du bist viel zu schwach, um hier leben zu können, das habe ich vorhin gemerkt. Du hast keine Waffen bei dir, trampelst beim Gehen wie ein Wollnashorn und kannst nicht mal aus einem Wasserschlauch trinken. Du würdest hier nicht lange am Leben bleiben.« Es zuckte ratlos die Schultern. »Andererseits sind keine anderen Gruppen in der Nähe, da bin ich mir sicher. Wenn die ›Langen‹ in unserem Gebiet wären, hätten ich und unsere Jäger sie schon längst bemerkt.«

Amelie hörte inzwischen gespannt zu. »Was erzählst du da von Waffen und Jägern? Und warum läufst du in diesem bescheuerten Wolfsfell herum?«, fragte sie. »Und wo wohnst du überhaupt? Ich sehe hier weit und breit kein Haus.«

Das Mädchen lachte hell auf. »Da sitze ich hier mit meiner Gefangenen und wir fragen uns gegenseitig Löcher in den Bauch. Also gut, dann mache ich den Anfang«, sagte es, legte den Speer neben sich und machte es sich im Gras bequem. »Ich bin Sitoga, die Wölfin, und ich gehöre zur Gruppe der ›Leute vom Großen Fels‹. Ich bin die Enkelin von Che'Gwoia, unserer Weisen Führerin. Wir sind dieses Jahr die erste Gruppe, die auf der Hochebene angekommen ist. Weitere Gruppen werden bald zu uns stoßen. Wir werden hier zusammen die Herbstjagd abhalten, um Fleisch für den Winter zu erbeuten.

Wir kommen weit herum – von der Eisbarriere im Norden bis zu den Wäldern im Süden. So jemanden wie dich habe ich aber noch nie gesehen. Alles an dir ist seltsam: Deine Jacke hat leuchtende Farben, wie sie nur der Abendhimmel malen kann, das Leder deiner Fußbekleidung ist weißer als Schnee und du redest mit komischen Worten wie ›Ha-us‹ und ›telefinieren‹«. Spöttisch ahmte sie den Tonfall Amelies nach. »Gefährlich scheinst du ja nicht gerade zu sein, aber wenn ich dich jetzt einfach laufen lasse, wirst du entweder vom nächsten Höhlenbären gefressen oder rennst unseren Jägern in die Arme.« Sitoga schüttelte heftig den Kopf, wobei der Wolfsschädel auf ihren Haaren hin und her rutschte.

»Können wir nicht erst mal zu einem Erwachsenen gehen, der uns vielleicht helfen kann?«, fragte Amelie zaghaft, die inzwischen an Sitogas Verstand zweifelte.

»Ja, ich nehme dich ins Lager mit«, beschloss diese, »aber nicht in dieser Kleidung. Wenn der Schamane dich so sieht, wird er behaupten, du seist ein böser Dämon.« Sie runzelte die Stirn. »Wir müssen uns eine glaubhafte Geschichte ausdenken, wo du herkommst und wie ich dich gefunden habe.«

Das Wolfsmädchen zog wieder den Lederbeutel hervor. »Ich gehe jetzt voraus ins Lager und besorge dir richtige Kleidung. Versteck dich so lange in den Büschen, damit dich niemand sieht«, sagte es, kramte aus dem Beutel ein Stück dunkles Fleisch hervor und hielt es Amelie hin. »Hier hast du etwas zu essen, bis ich zurück bin.« Aus dem unappetitlichen Klumpen ragten zwei abgesplitterte Knochen hervor, an denen getrocknetes Blut zu erkennen war.

»Was ist denn das?« Amelie verzog angewidert das Gesicht.

»Schneehase. Ich habe ihn mit einem einzigen Steinwurf erlegt, und meine Mutter hat ihn mit Wacholder geräuchert«, erklärte Sitoga stolz. Amelie schüttelte sich. »Igitt, da klebt ja noch Blut dran!«

»Na, dann eben nicht«, brummte Sitoga beleidigt und steckte das Fleisch zurück in ihren Beutel. »Bleib auf jeden Fall im Gebüsch und verhalte dich ruhig, bis ich wieder da bin.« Sie nahm ihren Speer auf und ging mit federnden Schritten davon, ohne sich noch einmal umzudrehen. Amelie schaute ihr nach, bis sie um eine Felsnase verschwunden war.

Jetzt war sie wieder allein, und die schroffen Felsen und die leere Landschaft um sie herum wirkten noch beängstigender als vorhin. Die Einsamkeit tat weh. Sie ertappte sich bei dem Wunsch, Sitoga möge zu ihr zurückkommen, obwohl sie ihr dann erneut völlig ausgeliefert sein würde. Sie dachte nicht einmal daran, dass sie ja jetzt die Möglichkeit hatte, einfach wegzulaufen. Sie blieb im Gebüsch sitzen, nahm ihr Holzpferdchen in die Hand und streichelte es verzweifelt.

Drei

Die Sonne war bereits hinter den schroffen Bergen im Westen untergegangen, als sie Schritte vernahm. »Amelie? Ich bin es, Sitoga!« Sie schaute auf und sah das Wolfsmädchen mit einem Ledersack unter dem Arm vor sich stehen. Sitoga knüpfte den Beutel auf und schüttelte den Inhalt ins Gras. »Los, zieh dich um«, forderte sie Amelie auf und hielt ihr achtlos eine Art Pullover aus gegerbtem Leder hin.

Erstaunt nahm sie das Gewand in die Hände. Es fühlte sich ganz weich und anschmiegsam an und war mit zarten Mustern aus dunkelroten und schwarzen Linien bemalt. Die Muster hatten die Form verschlungener Kreise und Ornamente, an Saum und Kragen gab es Rauten und Zickzacklinien. Die Kapuze war mit feinem Pelz besetzt.

»Warum ziehst du es nicht an?«, fragte Sitoga.

»Es ist wunderschön«, staunte Amelie. Sitoga grinste frech. »Es gehört meiner Schwester Venti. Sie wird mir schon nicht den Kopf abreißen, wenn sie merkt, dass ich es dir ›ausgeliehen‹ habe. Nun beeile dich! Ich habe Hunger und es wird bald dunkel.« Zu dem Hemd hatte Sitoga noch eine weite, bequeme Hose mitgebracht. Als Schuhe sollte sie eine Art Mokassins anziehen. Das waren einfache Beutel aus weichem Leder, die über die Füße gestreift und mit einem Band am Knöchel zugezogen und verschnürt wurden. An den Sohlen aus derbem, dickem Material schauten Fransen von grauem Fell heraus.

Amelie fühlte sich wie neugeboren, als sie die schönen Lederkleider angezogen hatte. Übermütig hüpfte sie herum und fragte Sitoga stolz: »Jetzt sehe ich aus wie eine richtige Indianerin, oder?«

»Indianerin?«, fragte das Wolfsmädchen verständnislos. »Jedenfalls siehst du jetzt fast aus wie eine von uns«, stellte es lächelnd fest. »Deine Sachen packen wir in den Sack und binden ihn dort oben in den Wacholderbusch. Da sieht ihn niemand und es kommen keine Tiere dran.«

Beim Zusammenpacken kullerte ihr das geschnitzte Holzpferdchen in die Hand. Nachdenklich betrachtete sie es von allen Seiten.

»Das hat mein Großvater für mich gemacht. Ich bin froh, dass ich es nicht verloren habe«, sagte Amelie leise.

Mit ernstem Gesicht drehte sich Sitoga zu ihr um und reichte ihr das Tierchen. Ihre Hand zitterte. »Du musst es bei dir tragen«, flüsterte sie rau, »es ist dein Amulett. Niemals darfst du es verlieren!« Sie nestelte ein Stück Band aus ihrem Lederbeutel und knüpfte das Pferdchen vorsichtig daran fest. Dann streifte sie es über Amelies Kopf: »Trag es immer bei dir! Steck es unter die Kleidung und lass es niemanden sehen oder berühren!«

Sie machten sich erneut auf den Weg. Langsam wurde es dämmrig, und der kalte Wind blies ihnen entgegen. Amelie fror erbärmlich in den dünnen Kleidern, obwohl sie ihre Unterwäsche anbehalten und die Pelzkapuze fest über ihren Kopf gezogen hatte. Sitoga bemerkte es und wartete, bis sie sie eingeholt hatte. »Hier, nimm meinen Wolfsmantel«, sagte sie und reichte ihr das schwere Fell. Amelie sah, dass Sitoga darunter ganz ähnliche Kleider trug wie sie selbst. Dankbar kuschelte sie sich in das dicke Fell. Es roch zwar streng nach Raubtier und altem Fett, hielt aber den Wind ab und sorgte für Wärme. »Aber jetzt hast du ja nichts«, protestierte sie schwach. »Mir ist nicht kalt«, schnaubte Sitoga, »außerdem sind wir gleich da.«

Vier

Kurz darauf bogen sie um eine Felsnase und – sahen unter sich das Lager. Amelie blieb wie angewurzelt stehen.

»Das … das gibt's doch gar nicht! Dreht ihr hier einen Film oder was?«

Sie konnte zwei große Zelte erkennen. Ein Mann und zwei Frauen bauten gerade noch ein drittes auf: Sie stellten lange Holzstangen im Kreis auf, die schräg nach innen geneigt waren, sodass sich die Spitzen in der Mitte trafen. Mit Lederriemen wurden sie fest verschnürt. Dieses Gerüst überzogen sie mit Fellen, die sie mit Holzpflöcken befestigten. Innerhalb kurzer Zeit entstand dadurch ein geräumiges Zelt, in dem mehrere Menschen bequem Platz hatten.

An der windabgewandten Seite wurde ein schweres Fell als Tür vor eine Öffnung gehängt, die so niedrig war, dass man nur gebückt eintreten konnte. Über den Eingängen hing jeweils ein Geweih oder andere Tierhörner.

Eine Frau kauerte etwas abseits vor einer Art dampfendem Tümpel und rührte darin mit einem Stock. Sie hielt ein kleines Kind im Arm. Neben ihr loderte ein Feuer. Überall auf dem Boden lagen mit Riemen verschnürte Bündel, großen Rucksäcken ähnlich. Dazwischen sausten Kinder umher. Alle trugen Lederkleidung. Selbst von ferne konnte man die unterschiedlichen Muster erkennen. Die meisten waren in Rot und Braun aufgemalt, aber es gab auch blaue, gelbe, orange und schwarze Zeichnungen. Manche stellten Tiere dar, andere Menschen bei verschiedenen Tätigkeiten und wieder andere hatten komplizierte geheimnisvolle Muster wie Amelies Lederhemd.

Ein paar Meter oberhalb des Lagers war im Hang ein großer Höhleneingang zu erkennen. Davor hingen über einem quer liegenden Ast einige Felle als Windschutz. Dichte Rauchschwaden stiegen aus dem Inneren der Höhle empor. Am beeindruckendsten aber war ein riesiger Bärenschädel, der den Eingang zu bewachen schien. Er wirkte im flackernden Licht des Lagerfeuers fast lebendig, wie er da mit aufgerissenem Maul seine übergroßen Fangzähne zeigte. Die Augen glitzerten schwarz und bedrohlich, und aus dem Maul baumelte eine blutrote Zunge.

Von der Bestie völlig unbeeindruckt, saß eine Gruppe Frauen schwatzend unter dem Bärenschädel. Sie bearbeiteten große Fellbahnen.

»Holla, Sitoga, wen hast du denn da mitgebracht?« Jetzt erst bemerkte Amelie einen jungen Mann, der ebenso wie Sitoga einen langen Speer bei sich hatte und einen Fellumhang trug. Auf dem Kopf saß ein Luchsschädel, an dem wie bei Sitogas Wolfsumhang der Unterkiefer entfernt worden war. »Sei gegrüßt, Alon«, erwiderte sie, »das ist Amelie. Ich habe sie unterwegs aufgelesen. Seit wann hältst du hier Wache?«, erkundigte sie sich.

»Seit Mittag«, antwortete er.

»Hast du Fremde gesehen, oder sind inzwischen andere Gruppen eingetroffen?« – »Nein, bis jetzt nicht.« Alon trat einen Schritt nach vorn und musterte Amelie. Scharf sog er die Luft ein, als er den Wolfsumhang bemerkte: »Der Mantel!«, fuhr er Sitoga an, »er gehört deinem Schutzgeist. Niemand außer dir darf ihn tragen! Warum erlaubst du es ihr?«

»Weil ihr kalt ist«, gab sie zurück und wandte sich zum Gehen. »Komm, Amelie«, rief sie, »lass uns ins Lager hinuntergehen!«

Sie ließen den verblüfften Wächter einfach stehen. Außer Sichtweite gab sie Amelie zu verstehen, dass sie besser selbst wieder den Wolfsmantel tragen sollte.

Im Lager verstummten die Gespräche der Menschen nach und nach, und alle wandten sich neugierig zu ihnen um. Sitoga ging zum größeren der beiden Zelte. Vor dem Eingang saß ein Mann unbestimmbaren Alters. Vor sich hatte er mehrere Holz- und Geweihstücke ausgebreitet, an denen er arbeitete. Neben ihm brannte ein kleines Feuer. »Tarik, ist meine Mutter da?«, fragte ihn Sitoga. »Nein, sie ist noch mit Venti und

Akira draußen beim Beerensammeln«, bekam sie zur Antwort. Auch er musterte Amelie neugierig.

»Ich bringe dir etwas Wärmeres zum Anziehen«, raunte Sitoga ihr zu und verschwand im Zelt.

Sie fühlte sich unbehaglich, als sie nun allein im Mittelpunkt der Aufmerksamkeit stand. Inzwischen hatten die Menschen einen Kreis um sie gebildet und starrten sie unverwandt an. In den meisten Gesichtern las sie freundliche Neugier, aber ein paar zeigten auch unverhohlenes Misstrauen.

Ein stämmiger, muskelbepackter junger Mann trat vor und versuchte, ihr blondes Haar zu berühren. Amelie wich scheu zurück. Da trat Sitoga wieder aus dem Zelt. »Nimm deine Finger weg, Borud, merkst du nicht, dass sie sich vor dir fürchtet?« – »Wer ist diese Frau?« Der Mann hatte seine Stimme erhoben und wandte sich theatralisch an die Menschen ringsum: »Sie könnte eine von den ›Langen‹ sein mit ihren hellen Haaren und der weißen Haut!«

»Hast du Angst vor ihr?«, grinste Sitoga ihn frech an und fuhr an die anderen gewandt fort: »Ich fand sie beim Tal der kleinen Seen. Sie heißt Amelie und gehört ganz sicher nicht zu den ›Langen‹. Sie kam mit ihrer Gruppe aus Nordwesten über die Eisbarriere. Vor ein paar Wochen gerieten sie in einen Schneesturm und viele von ihnen sind erfroren. Die wenigen Überlebenden waren so geschwächt, dass sie krank wurden und schließlich ebenfalls starben. Zuletzt stürzte ihr Bruder in eine Gletscherspalte. Sie blieb allein übrig und schaffte es bis zu uns.« Sitoga erzählte die Geschichte, die sie sich vorher ausgedacht hatte, mit großer Überzeugungskraft.

Ein Raunen der Bestürzung ging durch die Menge und einige murmelten Worte des Mitleids. Jeder kannte nur zu genau die Gefahren einer Wanderung über die Eisbarriere. Es gab unzählige Berichte von Familien und ganzen Sippen, die aus den verschiedensten Notlagen heraus gezwungen gewesen waren, die gewaltigen Gletscher zu überqueren und bei diesem Versuch ihr Leben lassen mussten.

Aber Borud zeigte sich davon nicht beeindruckt. »Du hättest sie nicht ohne Erlaubnis des Weisen Rats zu uns bringen dürfen«, wies er sie zurecht.

Sitoga fuhr empört herum. »Der Weise Rat war aber nicht da, als ich Amelie gefunden habe! Alle seine Mitglieder haben es vorgezogen, ihre Hintern am Feuer zu wärmen, als ich alleine Ausschau nach den Herden hielt«, gab sie zurück. Sie wusste natürlich genau, dass Borud ein Ratsmitglied war.

Dieser lief vor Zorn dunkelrot an. Einige aus der Menge kicherten verhalten und nickten anerkennend. Sie genossen es offensichtlich, dass Borud sich mit seiner Angeberei blamiert hatte. Wütend stapfte dieser davon.

Die Menschen zerstreuten sich langsam und gingen wieder ihren Arbeiten nach. Sitoga und Amelie traten ins Zelt.

Drinnen war es stockfinster. Sitoga nahm sie an der Hand und führte sie zu einem auf dem Boden liegenden Fell. »Hier, setz dich«, forderte sie Amelie auf, »ich mache uns Licht«. Amelie hörte sie rumoren. Irgendetwas klapperte, Holzspäne wurden zerbrochen, Steine aneinandergeschlagen und dann pustete Sitoga vorsichtig. Ein rötliches Glimmen erschien am Boden und kurze Zeit später züngelten die ersten Flämmchen auf. Sofort wurde es hell.

Fünf

Amelie sah sich um. Im Zelt, das von außen so mächtig und ungastlich gewirkt hatte, war es heimelig und richtig gemütlich. Der Boden war mit sauberen Tierfellen ausgelegt, die wie flauschige Teppiche wirkten. In einer von Steinen eingefassten Stelle in der Zeltmitte hatte Sitoga ein kleines Feuer entfacht. Es duftete intensiv nach Holzrauch, Kräutern und trockenem Gras. Entlang der Zeltwand konnte sie vier bequeme Lager erkennen. Weiche Felle waren einladend über Gras und Laub gebreitet.

Die Wände machten einen sehr stabilen Eindruck. Sie konnten sicher ohne Weiteres Sturm und langem Regen standhalten.

Verschiedene Werkzeuge aus Holz und Stein lagen neben dem Feuer, und am Eingang steckte ein Bündel Speere griffbereit im Boden. Mit zwei Holzstangen ließ sich eine Öffnung im Zeltdach so verstellen, dass der Rauch zwar abziehen, Regen und Wind aber nicht ins Zeltinnere eindringen konnten.

Sitoga kramte in einigen Behältern aus Birkenrinde herum und zog schließlich ein mit frischen Blättern umhülltes Päckchen hervor. »Hast du jetzt vielleicht Hunger?«, fragte sie und wickelte ein Stück gebratenes Fleisch aus. Amelie nickte eifrig und bemerkte nun erst, dass ihr schon ganz flau im Magen war. Gierig machte sie sich über den angebotenen Leckerbissen her. Das Fleisch schmeckte ausgezeichnet.

Als der erste Appetit gestillt war, lehnte sie sich zufrieden zurück. Sitoga hatte für jeden noch eine Handvoll getrocknete Beeren und Nüsse hervorgezaubert, die sie gemeinsam knabberten. Von draußen drangen die Geräusche aus dem Lager nur gedämpft durch die schweren Felle ins Zeltinnere. Das Feuer sorgte für Wärme, Schutz und Behaglichkeit.

Sitoga beugte sich vor. »Amelie, ich habe meine Leute belogen und ihnen eine erfundene Geschichte über dich erzählt – du hast es vorhin gehört. Sie haben mir vorerst einmal geglaubt, aber ich muss wissen, was tatsächlich mit dir geschehen ist und woher du kommst«, sagte sie ernst. »Willst du mir nicht erzählen, woran du dich erinnern kannst? Wer bist du wirklich?«

Amelie starrte lange Zeit regungslos ins Feuer.

»Ich verstehe es ja selbst nicht«, begann sie stockend. Und dann sprudelten die Worte immer schneller hervor.

Sie erzählte von zu Hause, von ihren Eltern und der Stadt, in der sie lebte. Sie erzählte von ihrem Großvater, der ihr das Holzpferdchen geschnitzt hatte und wie verzweifelt sie gewesen war, als er kurz darauf krank wurde und starb. Sie erzählte von der Schule, wie sie während der Geschichtsstunde ohnmächtig geworden und wie sie schließlich im Freien aufgewacht und von Sitoga gefunden worden war.

Das Mädchen hörte ihr aufmerksam zu, ohne sie zu unterbrechen. Es schüttelte verwirrt den Kopf, aber dann stellte es gezielt Fragen und ließ sich ganz genau erklären, was ein Haus, eine Stadt oder eine Schule ist.

»Du erzählst seltsame Dinge«, fand Sitoga schließlich, »Dinge, die für mich keinen Sinn ergeben. Wozu soll denn z. B. so ein ›Haus‹ nützlich sein? Was macht ihr damit, wenn ihr weiterzieht? Könnt ihr es mitnehmen? Oder baut ihr alle paar Tage ein Neues, während ihr unterwegs seid?«

Amelie begriff, dass ihre neue Freundin selbst die einfachsten Gegenstände aus ihrer Welt nicht kannte und sich nicht vorstellen konnte, wie das Leben in ihrer Familie aussah. Sie versuchte, ihr klar zu machen, dass sie und ihre Eltern nicht von der Jagd lebten und deshalb nicht ständig umherziehen mussten – höchstens im Urlaub wohnten sie für ein paar Wochen im Wohnmobil. Aber schließlich gab sie es auf: Wie sollte sie ihr begreiflich machen, dass ihre Mutter Sozialarbeiterin war und ihr Vater bei einer Firma für Klimatechnik arbeitete?

»Wenn das stimmt, was du da sagst«, seufzte Sitoga, »weiß ich nicht mehr weiter. Ich habe keine Ahnung, wie ich dir helfen soll, zurück zu deinen Leuten zu kommen. Wenn es diese ›Stadt‹, von der du sprichst, überhaupt gibt, dann muss sie sehr weit weg sein. Ich habe noch nie jemanden davon erzählen hören. Und selbst wenn es weit im Osten, an der Mündung des Langen Flusses oder tief im Süden so eine ›Stadt‹ geben sollte, hätten wir irgendwann davon erfahren. Es gibt in jeder Gruppe Wanderer und Händler, die sehr weit herumkommen und die wiederum Wanderer aus den unterschiedlichsten Gegenden treffen, mit denen sie Neuigkeiten austauschen. Wir haben von weit im Westen wundersame Dinge gehört: Da gibt es Tiere, die so groß sind wie der Felsen unserer Höhle – eine Gruppe kann sich fast ein Jahr lang davon ernähren, wenn es ihr gelingt, solch ein Tier zu erlegen. Die Menschen dort nennen es ›Mah-Mouht‹. Es ragen Zähne aus seinem Maul, die länger sind als ein Mensch. Die Händler haben berichtet, dass die Leute dort versuchen, das Mah-Mouht in Sümpfe zu treiben, wo es durch sein enormes Gewicht einsinkt und leichter erlegt werden kann …«

»Moment mal, redest du von Mammuts?«, unterbrach Amelie.

»Ja. Hast du etwa schon mal eins gesehen?«

»Natürlich kenne ich Mammuts – zumindest aus dem Kino und aus Büchern. Aber die sind doch längst ausgestorben!«

Sitoga zuckte die Schultern. »Frag mal Tarik, der vorhin vor dem Zelt saß. Er war als junger Mann im Westen und hat uns berichtet, dass er damals eine Jagd auf das Mah-Mouht miterlebt hat. Sie konnten es aber nicht erlegen; es hat zwei Männer unter seinen Füßen zerquetscht und entkam.«

Amelie schüttelte verständnislos den Kopf und wechselte unvermittelt das Thema: »Wer sind eigentlich die ›Langen‹, von denen dieser Borud vorhin gesprochen hat?«

Sitoga zögerte mit der Antwort. »Ich weiß es nicht genau«, sagte sie schließlich. »Wir haben hier in der Gegend noch keine gesehen. Andere Gruppen haben uns von ihnen berichtet. Unsere Leute sind ziemlich beunruhigt. Die ›Langen‹ sind etwas größer als wir, haben eine helle

Haut und blonde Haare – so wie du. Zuerst sind sie im Osten aufgetaucht. Sie überfallen die Lager, während die Jäger unterwegs sind, und töten die Alten, die Frauen und die Kinder. Anschließend rauben sie die Vorräte und brennen Hütten und Zelte nieder. Wir wissen nicht, wo sie herkommen. Jede unserer Gruppen muss jetzt Wachen aufstellen. Dadurch gibt es nicht mehr genug Jäger. Einige Familien müssen deshalb hungern.

Der Weise Rat will so bald wie möglich mit weiteren Gruppen, die demnächst noch zu uns stoßen werden, beraten, was wir dagegen unternehmen können. Alon, der Wächter, den wir vorhin getroffen haben, will mit ein paar von unseren Männern und möglichst vielen anderen nach Osten aufbrechen und die ›Langen‹ bekämpfen.«

»Warum war Alon eigentlich so erschrocken, als er sah, dass ich deinen Wolfsumhang trage?«, fragte Amelie weiter.

»Das war dumm von mir. Ich hätte mir den Mantel wieder selbst umhängen sollen, bevor uns Alon sehen konnte. Vor zwei Jahren war ich mit den Jägern unterwegs und habe mich in der Nacht heimlich vom Lager weggeschlichen. Wir waren in der Nähe der heiligen Quelle. Dort führt ein versteckter Gang tief in eine Höhle, aus der ein Bach entspringt. Nur der Schamane und die Weise Führerin dürfen sie betreten. Es heißt, die Wassergeister und die Geister der Ahnen wohnten dort.

Mein Vater war kurz zuvor ums Leben gekommen, und ich wollte versuchen, ob ich ihn nicht als Geist in der Höhle wiedersehen könnte.«

»Hattest du denn keine Angst, im Dunkeln da ganz alleine hineinzuklettern?«

»Doch. Große sogar«, grinste Sitoga verlegen, »aber ich sagte mir: Entweder stimmt es gar nicht, dass da die Geister wohnen – dann hätte ich ja nichts zu befürchten. Oder auch der Geist meines Vaters war dort. Und der würde wohl kaum zulassen, dass mir etwas geschieht.

Jedenfalls kam ich gar nicht so weit. Ich rutschte vor der Höhle auf einem Felsen aus, schlug mit dem Kopf auf und war bewusstlos. Als ich aufwachte, war ich von einem Rudel Wölfe umringt. Einer griff mich an.« Sie zeigte Amelie die tiefen Narben an ihrem rechten Bein. »Bevor der Rest des Rudels über mich herfallen konnte, waren aber schon die Jäger da, die inzwischen nach mir gesucht hatten, und vertrieben die Tiere. Der Schamane tötete den Wolf, der mich angefallen hatte. Danach veranstaltete er im Lager einen riesigen Wirbel und erklärte, der Wolfsgeist habe mich gezeichnet und dadurch auserwählt. Ich stünde deshalb unter seinem Schutz. Seitdem trage ich das Fell.«

»Und? Glaubst du tatsächlich, dass der Wolf dich auserwählt hat?«

»Hm, ich weiß nicht. Vielleicht schon«, sagte sie nachdenklich, »aber dem Schamanen passte die Geschichte damals ganz gut. Er hatte kurz vorher eine schlechte Jagd vorausgesagt – dabei erbeuteten wir so viel Fleisch, wie selten zuvor. Er sorgte mit der ganzen Aufregung um den Wolfsgeist dafür, dass seine falsche Vorhersage schnell vergessen war, und stellte deutlich heraus, dass er es war, der das Tier getötet hatte. Ich glaube, er hätte selbst gerne ein paar Kratzer abbekommen, um damit anzugeben … Naja, für mich war die Sache auch nicht schlecht, zumindest kam niemand auf die Idee, zu fragen, warum ich mitten in der Nacht verschwunden war und was ich vorgehabt hatte.« Sie lachte leise.

Die beiden Mädchen schwiegen eine Weile nachdenklich.

Schließlich murmelte Amelie: »Ich verstehe das nicht: Selbst wenn ihr Indianer, Eskimos oder irgendwelche anderen Eingeborenen seid, müsstet ihr doch schon mal ein Flugzeug oder ein Auto gesehen haben, oder zumindest müssten mal Forscher oder Expeditionen bei euch aufgetaucht sein! Es kann doch nicht sein, dass ihr völlig ohne Kontakt zur modernen Welt lebt …«

»Komm mit! Ich habe eine Idee«, rief Sitoga unvermittelt und zog Amelie auf die Füße. »Zieh dir was über! Ich sehe nach, ob die Luft rein ist.«

Sie warf ihr einen Fellumhang zu und verschwand durch den Eingang. Kurze Zeit später schob sie von außen am anderen Zeltende die Felle etwas zur Seite. »Los komm! Es ist niemand zu sehen. Sei leise!«, flüsterte sie. Draußen war es inzwischen dunkel geworden. Gedämpftes Stimmengemurmel drang zu ihnen. Oben vor dem Höhleneingang glomm ein Feuer. Schemenhaft konnten sie zwei Männer erkennen, mit Speeren bewaffnet.

Sitoga schlug einen großen Bogen um das Lager. Sie näherten sich der Höhle von Westen. »Es gibt einen zweiten Eingang. Wir müssen aufpassen, dass die Wächter uns nicht entdecken«, wisperte sie.

»Wo gehen wir überhaupt hin?«, gab Amelie leise zurück. »Wir besuchen Che'Gwoia, die Weise Führerin. Eigentlich müssten wir dafür den Schamanen um Erlaubnis bitten, aber der würde das wohl kaum zulassen.« Amelie erschrak. »Was sollen wir denn dort? Ich will nicht in die Höhle!«

»Achtung! Duck dich!«, zischte Sitoga und zog Amelie hinter einen Busch. Einer der Wächter war aufgestanden und starrte zu ihnen herüber. Hatte er etwas gehört? Er kam direkt auf das Gebüsch zu. Die Mädchen pressten sich noch dichter an den Boden. Amelie hielt den Atem an. Der Mann teilte mit seinem Speer die vordersten Zweige. »Wer ist da?«, rief er scharf. Kurz blieb er noch lauschend stehen, dann zuckte er ratlos die Schultern und kehrte zu seinem Kameraden zurück.

Aufatmend sahen die beiden ihm nach und konnten ihr Glück kaum fassen. »Los jetzt, schnell!« Sitoga löste sich als Erste aus ihrer Erstarrung und zog Amelie eilig mit sich hangaufwärts. Noch bevor der Wächter das Feuer erreicht hatte, waren die Mädchen bereits am seitlichen Höhleneingang angekommen.

Sitoga zog vorsichtig das schwere Fell zur Seite und spähte in die Höhle. »Es ist niemand bei ihr«, raunte sie und begann, in den finsteren Schacht hinunterzuklettern. Amelie packte sie am Ärmel: »Nicht! Komm zurück! Ich will da nicht hinein!« Aber Sitoga riss sich los und ließ sich hinuntergleiten. Amelie sah, dass die Wächter am Feuer bereits zu ihr herüberblickten. Gegen den glitzernden Sternenhimmel war sie vielleicht trotz der Dunkelheit zu sehen und so verwünschte sie Sitogas Einfälle und kletterte ihr hastig hinterher.

Kaum war der schwere Vorhang hinter ihr zugefallen, brannte heißer Rauch in ihren Augen. Sie musste heftig blinzeln und unterdrückte nur mühsam einen Hustenreiz. Vorsichtig tastete sie sich bis zum Höhlenboden voran. Hier war der Qualm weniger dicht. Im Hintergrund glomm ein kleines Feuer. Kräuter und harzige Äste schwelten darin.

Sitoga kniete bereits dort und winkte Amelie zu sich. Sie legte den Finger über ihre Lippen und bedeutete ihr, zu schweigen. Jetzt erst bemerkte sie, dass Sitoga nicht allein war:

Auf der anderen Seite des Feuers wiegte sich eine auf einer Tierhaut kauernde Frau langsam, wie in Trance, vor und zurück. Sie schien unglaublich alt: Das Gesicht in zahllosen Falten tief zerfurcht, fleckige Tränensäcke unter den Augen. Schweiß lief in Strömen über ihre Wangen und rann in die losen Hautfalten am Hals. Unter dem massigen Körper waren die untergeschlagenen Beine kaum zu sehen. Die schweren runzligen Brüste lagen auf einer Art Schurz auf dem Bauch. Rasselnd atmete sie durch den halb geöffneten Mund.

Das Beunruhigendste waren jedoch ihre Augen: Die Augäpfel schimmerten gelblich weiß, Pupillen konnte man nicht erkennen. Sie schien immerfort in unendliche Weiten zu starren. Es gab keinen Zweifel: Che'Gwoia war blind.

Die beiden Mädchen hatte sie scheinbar nicht bemerkt. Aus dem Augenwinkel sah Amelie, dass Sitoga reglos und mit gesenktem Kopf neben ihr kniete und abwartete. Sie getraute sich kaum, zu atmen. Von der unbequemen Haltung wurden ihr allmählich die Beine taub.

Auf einmal hielt Che'Gwoia in ihren Schaukelbewegungen inne und verbeugte sich tief. »Ich heiße die Geister des Wolfes und des Pferdes an meinem Feuer willkommen«, kamen dumpf die Worte über ihre Lippen. »Hab Dank, Wolf, dass du meine Enkelin zu mir führst!«

Sie richtete sich kerzengerade auf und starrte mit ihren blinden Augen Sitoga an.

»Sei gegrüßt, Großmutter«, begann diese leise, »und verzeih, dass wir dich unangemeldet stören ...« – »Schweig!«, donnerte Che'Gwoia. »Meine Enkelin setzt sich über Regeln und Gesetze hinweg. Sie ist ohne Respekt und hält sich in ihrer Überheblichkeit für unverwundbar.«

Sitoga blickte betreten zu Boden.

»Du hast Borud gegen dich aufgebracht und stiftest Unruhe in der Gruppe«, fuhr sie fort. »Was glaubst du, was geschehen wäre, wenn der Wächter euch ertappt hätte? Wenn bekannt geworden wäre, dass ihr nachts durchs Lager schleicht und ohne Erlaubnis in die Höhle der Weisen Führerin eindringt?«

»Woher weißt du, dass die Wache uns fast erwischt hätte?«, entfuhr es Sitoga.

»Ach, Kind!«, die Strenge wich allmählich. Ihre Stimme war nun fast zärtlich.

Sie wandte sich zu Amelie. »Wen hast du da zu mir gebracht, Sitoga? Ich spüre den Geist des Pferdes, aber er ist nicht wie der Geist unserer Pferde, sondern größer – gezähmt und fest mit den Menschen verbunden.«

»Das ist Amelie. Ich habe sie im Tal der kleinen Seen gefunden. Sie weiß nicht, wie sie zu uns gekommen ist. Wir konnten nicht einmal herausfinden, woher sie kommt. Deshalb habe ich sie zu dir gebracht, Großmutter. Ich weiß nicht, wie ich ihr helfen soll, zu ihren Leuten zurückzufinden«.

»Seltsame Kräfte sind um dich, mein Kind«, murmelte Che'Gwoia. Sie streckte ihre klauenartigen Hände vor und ließ sie dicht über Amelies Kopf schweben. Ihre Arme und ihr Gesicht befanden sich dabei direkt über dem Feuer, aber sie schien die Hitze nicht zu spüren. »Du kommst von weit her und trotzdem ganz aus unserer Nähe.« Sie versank erneut in ihre entrückte Welt. Die Augen zuckten unkontrolliert in alle Richtungen. »Die Geister um dich sind den unseren ähnlich, aber doch fremdartig. Es gibt Kräfte, die ich noch nie zuvor gespürt habe. Andere fehlen dagegen ganz: Der starke Geist des Höhlenbären ist verschwunden. Ebenso der Wolf und das Rentier. Ich sehe riesige Hütten aus Stein und Menschen, die in großen Vögeln sitzen und mit ihnen fliegen.« Ihre Worte wurden immer leiser und waren schließlich kaum noch zu verstehen.

Plötzlich fuhr sie zurück und hielt ihre zitternden Hände wie eine Schale vor Amelie. »Gib mir dein Amulett!«, kreischte sie mit überschnappender Stimme. Das Mädchen saß starr vor Schreck und wagte nicht, sich zu rühren. Sitoga zupfte sie am Arm. »Tu, was sie sagt«, drängte sie. Unbeholfen nestelte Amelie das Holzpferdchen unter ihrer Kleidung hervor und streifte das Band über ihren Kopf. Zögernd legte sie es in die Klauen der Alten.

Kaum hatte das geschnitzte Holz die Handflächen von Che'Gwoia berührt, stieß diese einen gellenden Schrei aus. Der massige Leib kippte nach hinten und die Glieder trommelten unkontrolliert auf den Boden. Sie wimmerte unablässig und warf den Kopf hin und her. Die Finger waren um das Amulett gekrampft. Die Knöchel stachen weiß hervor. Schließlich bäumte ihr schwerer Körper sich auf und mit schmerzverzerrtem Gesicht fiel sie nach vorne – direkt in die Feuerglut. Die Hände erschlafften, und das Pferdchen rutschte heraus. Che'Gwoia bewegte sich nicht mehr.

»Schnell, hilf mir!«, schrie Sitoga. Sie ergriffen jede einen Arm der alten Frau und zogen mit aller Kraft. Aber der schwere Körper rührte sich nicht von der Stelle. »Ich muss Hilfe holen!« Die Angst stand ihr im Gesicht. Sie wollte gerade davonstürzen, als sich der Alten ein Stöhnen entrang. »Bleib!«, röchelte sie, »helft mir, mich aufzusetzen!« Mühsam stemmte sie sich auf und gelangte mithilfe der beiden Mädchen wieder in ihre halb sitzende, halb kniende Haltung. »Ich hole Mutter«, begann Sitoga, »sie weiß bestimmt, wie sie dir helfen kann ...« Che'Gwoia schüttelte energisch den Kopf. »Wasser!«, krächzte sie. Sitoga brachte aus dem hinteren Teil der Höhle einen Lederschlauch und reichte ihn ihrer Großmutter. Diese trank gierig in großen Schlucken. Amelie bemerkte erst jetzt, dass die Frau völlig unverletzt war. Sie hatte mit Gesicht und Oberkörper direkt im Feuer gelegen, aber es waren keinerlei Verbrennungen zu sehen. Selbst ihre Kleidung war nur etwas rußig, aber nicht versengt. Sie erholte sich überraschend schnell und ihr Atem ging bald wieder ruhiger.

Amelie hob das Holzpferdchen auf und wollte es erneut Che'Gwoia geben. Entsetzt zuckte diese zurück. »Nein! Das würde ich kein zweites Mal überleben. Nimm es an dich und lass es niemals wieder jemanden berühren!« Sie holte tief Luft.

»Ich habe deine Welt gesehen«, wisperte sie. »Sie ist so laut und schnell und entsetzlich fremd. Du bist in einer großen Hütte aus Stein zur Welt gekommen, zu Füßen des Berges, den wir die ›Mächtige Höhe‹ nennen. Zwischen deiner und unserer Welt liegen unzählige Menschenalter. Viele Tausend Sommer und Winter müssen vergehen, bis du einst geboren wirst. Von uns wird dann nichts mehr übrig sein – vielleicht ein paar einsame Gräber, die Steinspitzen unserer Waffen und Knochenreste von den Kochfeuern.

Die weiten Grasebenen werden von Bäumen bewachsen und die Rentierherden werden verschwunden sein. Unsere Namen und selbst die Geister der Ahnen werden sich ebenso aufgelöst haben wie das mächtige Eisgebirge. Kein Jäger wird mehr am Feuer unsere Geschichten und Legenden erzählen. Niemand wird sich an den Höhlenbären erinnern oder unsere Lieder singen.« Sie schwieg traurig.

Amelie hatte eine Gänsehaut bekommen. »Heißt das, ich bin jetzt in der Steinzeit und muss hier für immer leben?«, flüsterte sie entsetzt.

»Du bist viele Tausend Jahre in der Zeit zurückversetzt worden. Ich habe die ungeheuren Mächte gespürt, die das bewirkt haben«, antwortete Che'Gwoia. »Warum du hier bist und ob du deine Leute wiedersehen wirst, kann ich nicht erkennen. Meine eigenen Kräfte und Fähigkeiten sind viel zu schwach, als dass ich dir helfen könnte, zurückzukehren.« Sie strich Amelie tröstend über den Kopf.

Erschöpft sank sie schließlich in sich zusammen. »Geht jetzt! Und schicke deine Mutter zu mir, Sitoga!«

Betäubt von den ungeheuren Eindrücken erhoben sich die Mädchen. »Moment noch!«, rief Che'Gwoia. »Ihr beide habt eine starke Freundschaft, die euch verbindet. Bewahrt sie euch gut und lasst nichts und niemand zwischen euch kommen!«

Sechs

Als Sitoga und Amelie aus dem Höhleneingang traten, schreckten die beiden Wächter am Feuer auf. »Wo kommt ihr denn her?«, riefen sie überrascht.

»Von drinnen«, antwortete Sitoga schnippisch.

»Und wo wollt ihr hin?«

»Nach draußen.« Sie blickte den beiden gerade in die Augen.

»Werde bloß nicht frech!« Jetzt erst erkannten die Mädchen, dass einer der Wächter Borud war. »Wir haben euch gar nicht hineingehen sehen.«

»Dann solltet ihr wohl besser aufpassen, anstatt während der Wache zu spielen«, fuhr Sitoga ihn an. Borud erschrak und verwischte mit dem Fuß rasch ein paar Linien und kleine Steinchen im Sand, die ein Spielfeld gebildet hatten.

»Was hattet ihr bei der Weisen Führerin zu suchen?«, fragte der andere Wächter. »Frag sie doch!« Sitoga ließ sie einfach stehen und wandte sich ab. Amelie beeilte sich, ihr nachzukommen, spürte aber die argwöhnischen Blicke in ihrem Rücken. Im Lager war alles ruhig. Offensichtlich hatte niemand mitbekommen, was in der Höhle geschehen war – auch die Schreie von Che'Gwoia hatte keiner bemerkt. Selbst die beiden Wächter nicht, die ja direkt vor dem Eingang gesessen hatten.

Sie gingen zum Zelt zurück. Schon von Weitem tönte ihnen lautes Babygeschrei entgegen. Vor dem Säugling kniete – klein und zierlich – eine Frau, die liebevoll versuchte, das Kind zu beruhigen.

»Mama«, platzte Sitoga heraus, »das ist Amelie. Und du sollst gleich zu Che'Gwoia kommen, sie braucht dich. Amelie kann doch erst einmal bei uns wohnen? Sie bekommt mein Lager, bis ich ein neues gebaut habe. Sie hat sonst niemanden und …«

»Langsam, Sitoga«, unterbrach ihre Mutter lächelnd den Redefluss und umarmte sie liebevoll. »Jetzt mal der Reihe nach: Was ist mit Großmutter und wer ist Amelie?« Sitoga berichtete in groben Zügen, was geschehen war. Wie sie Amelie gefunden und ins Lager gebracht hatte, wie sie sich heimlich zu Che'Gwoia geschlichen und was sie dort in der Höhle erfahren hatten.

Amelie stand verlegen dabei und kam sich reichlich überflüssig vor. Sie ging zu dem immer noch strampelnden und quengelnden Baby hinüber und nahm es vorsichtig auf den Arm. Sitogas Mutter beobachtete sie und nickte ihr zu, während sie versuchte, dem Redeschwall ihrer Tochter zu folgen. Amelie sprach leise mit dem Kind und schaukelte es sanft auf ihren Armen. Der Säugling beruhigte sich fast augenblicklich, griff nach ihren langen blonden Haaren und begann entzückt, damit zu spielen.

Die Mutter schüttelte verwirrt den Kopf. »Sitoga, ich habe höchstens die Hälfte deiner Erzählung verstanden. Aber weitere Erklärungen müssen warten. Ich will sofort nach Che'Gwoia sehen.«

»Aber Amelie kann doch bei uns bleiben?«, drängte Sitoga.

Ihre Mutter wandte sich zu Amelie um: »Du kannst sehr gerne bei uns wohnen, Amelie. Ich bin An-Oni«, sprach sie. Sie umarmte das Mädchen. »Ich heiße dich willkommen im Zelt von An-Oni. Unter unserem Dach soll dir nichts Böses geschehen. Der Große Geist möge dich beschützen.« Sitoga jubelte bei diesen Worten.

An-Oni blickte lächelnd auf das Baby hinunter, das gerade kräftig an Amelies Haaren zerrte. »Ihr beide habt euch ja schon richtig angefreundet. Ich muss jetzt zu Che'Gwoia. Du kannst so lange auf Uri aufpassen«, fuhr sie an Sitoga gewandt fort. Deren ausgelassene Freude kühlte sich merklich ab. »Von mir aus«, maulte sie, aber An-Oni warf ihr einen strengen Blick zu.

»Ich glaube nicht, dass er noch Hunger hat, aber wenn er gestillt werden will, müsst ihr mich holen. Ich denke, er ist bei euch gut aufgehoben«. Sie lächelte die beiden Mädchen an, strich dem Baby zärtlich über den Kopf und wandte sich zum Gehen.

Amelie betrachtete fasziniert den Säugling in ihren Armen. »Der ist ja süß! Er hat so kleine Hände. Und er ist ganz schön kräftig.«

Sitoga blickte missmutig auf das Baby. »Uri ist mein Bruder. Er kam im letzten Winter zur Welt«, brummelte sie. »Und ich muss immer die Amme für ihn spielen – oh nein, jetzt ist auch noch seine Windel voll!«, jammerte sie, als ihr der verräterische Geruch aufdringlich in die Nase stieg.

»Lass mich mal«, sagte Amelie und schob sie zur Seite. »Ich brauche einen Waschlappen und warmes Wasser.« Sitoga überließ ihr nur zu gern das Baby und reichte ihr ein Stück weiches Leder. Sie machte sich mit ein paar Stöcken am Feuer zu schaffen. »Was tust du da?«, fragte Amelie verwundert. »Du brauchst doch warmes Wasser«, erwiderte Sitoga und angelte einen etwa faustgroßen Stein aus der Glut. Vorsichtig trug sie ihn mithilfe der Äste in den hinteren Teil des Zeltes und ließ ihn in eine Mulde am Boden gleiten, die mit Fell ausgelegt war. Der heiße Stein ließ das Wasser darin zischen und dampfen. Sitoga brachte etwas davon in einer Holzschale zu der erstaunten Amelie. »Was guckst du so?«, fragte sie verwundert. »Hast du noch nie gesehen, wie man Wasser erhitzt?«

»Auf diese Art noch nie«, gab diese kopfschüttelnd zurück und tauchte den Lederlappen in die Schale. Uri blickte mit großen braunen Augen Amelie an, die ihn fürsorglich säuberte. Sitoga sah ebenfalls interessiert zu. »Du kannst das gut. Hast du selbst Kinder?« Amelie verschluckte sich fast vor Lachen: »Bist du verrückt? Ich bin doch erst zwölf!«

»Bei uns sind viele Frauen dann bereits verheiratet und erwarten ihr erstes Kind«, erwiderte Sitoga schulterzuckend.

»Bist du denn verheiratet?«

Sie schnaubte verächtlich. »Nein, ich bin Sitoga, die Jägerin. Ich mache mir nichts aus Beerensammeln und Kinderkriegen.« Nach kurzem Zögern ergänzte sie: »Zumindest jetzt noch nicht.«

»Uri ist ein bisschen wund«, fuhr Amelie fort, »so etwas wie Babypuder ist hier wohl nicht aufzutreiben, oder?«

Sitoga kramte in verschiedenen Beuteln herum. – »Mutter hat dafür irgendwo eine Salbe – ah, hier ist sie ja.« Sie reichte ihr ein kleines Gefäß. Es war aus einem Stück Geweih gefertigt und mit hübschen Schnitzereien verziert.

Amelie schnupperte interessiert: »Was ist da drin?«

»Hauptsächlich Hirschfett. Mutter hat irgendwelche Kräuter daruntergemischt.«

Uri verzog weinerlich das Gesicht, als Amelie ihn eincremte, fing aber glücklich zu glucksen und zu strampeln an, als sie ihn am Bauch kitzelte. Sie stopfte das weiche Windel-Leder mit frischem trockenem Moos aus und band das ganze Paket mit ein paar Riemen über der Hüfte fest. Schließlich lag der Kleine zufrieden in seinem Bettchen, mit Rentierfellen warm zugedeckt. Sitoga stimmte einen leisen und monotonen Singsang an, der Uri im Nu einschlafen ließ.

Amelie hatte über der Beschäftigung mit dem Baby ihre eigene Lage völlig vergessen. Nun wurde ihr erneut schmerzlich bewusst, wo sie war und wie fremd sie sich in der Welt dieser Menschen, die in Zelten und Höhlen lebten, fühlte.

Sitoga sah sie mitfühlend an. »Wir finden einen Weg, wie du wieder zu deinen Leuten kommst«, tröstete sie leise. »Jetzt sollten wir aber schlafen. Morgen bei Tag sieht alles bestimmt schon viel einfacher aus.«

Sitoga überließ Amelie ihr Lager und legte sich, in ein paar Felle gehüllt, ans Feuer. Trotz der aufregenden Erlebnisse der vergangenen Stunden fühlte Amelie sich im warmen Zelt wohlig geborgen und bald schon fielen ihr die Augen zu.

Sieben

Am nächsten Morgen schlief Amelie lange. Es war heller Tag und das Lagerleben bereits in vollem Gang, als die Freundin aufgeregt ins Zelt stürzte: »Steh auf, du Faulpelz! Die Späher sind zurück und haben ein Rudel Hirsche gesichtet. Wir gehen auf die Jagd.« Während Amelie sich noch verschlafen die Augen rieb, kramte Sitoga einige Kleidungsstücke zusammen. »Hier, zieh das an! Wir versammeln uns oben vor der Höhle. Beeil dich und nimm dir einen Speer mit!«

»Aber …«, versuchte Amelie zu entgegnen, doch Sitoga war schon wieder verschwunden. Tausend Fragen schossen ihr durch den Kopf, die sie gerne gestellt hätte. Sie zuckte die Schultern und tat erst einmal, was Sitoga ihr aufgetragen hatte: Sie zog die bereitgelegten Fellkleider an und vergewisserte sich, dass ihr Holzpferdchen unter dem Lederhemd sicher verstaut war. Über das Hemd streifte sie eine Art Jacke aus dickerem Leder und darüber noch einen schweren Umhang mit Kapuze. Sie wollte gerade gehen, als ihr der Speer einfiel. Ratlos betrachtete sie die Geräte, die am Zelteingang im Boden steckten. Da gab es lange Spieße mit Steinspitzen, die ihr bis über den Kopf reichten, kürzere aus Holz, an denen seitlich scharfe Feuersteinklingen eingesetzt waren, zugespitzte Geweihstangen und viele andere Waffen und Werkzeuge, deren Zweck sie nicht einmal erahnen konnte.

Sie entschied sich schließlich für einen kurzen, einigermaßen handlichen Speer. Seine lange gezackte Steinspitze steckte lose auf dem Schaft und war mit einer Art Schnur daran festgebunden.

Im Lager herrschte emsige Betriebsamkeit. Sie stieg zur Höhle hinauf. Auf dem kleinen Vorplatz, auf dem sie am Tag zuvor die Frauen bei der Arbeit gesehen hatte, kauerten jetzt vier Gestalten. Sie waren wie sie selbst in schwere Felle gehüllt. Lange Speere lagen neben ihnen auf dem Boden.

Ein bulliger, gedrungener Mann drehte sich zu ihr um. Er hätte mit seinem wilden, schwarzen Bart und dem mächtigen Stiernacken Furcht erregend ausgesehen, wären da nicht die tief liegenden Augen gewesen, in denen der Schalk lustig blitzte und mit denen er sie freundlich musterte.

»Guten Morgen, Amelie«, begrüßte er sie, »jetzt sind wir vollzählig: Ich bin Ussali und das ist Venti, Sitogas Schwester«, – die junge Frau nickte ernsthaft – »Sitoga und Borud kennst du ja bereits«, fuhr er fort. Amelie schauderte, als sie den hasserfüllten Blick bemerkte, mit dem Borud sie anstarrte. »Venti und ich haben gestern ein Rudel Hirsche gesichtet. Wir wollen versuchen, einen davon zu erlegen. Nun lasst uns anfangen!« Er wandte sich zum Höhleneingang und senkte ehrfürchtig den Kopf. Amelie beeilte sich, neben den anderen niederzuknien, als der Vorhang vor der Höhle heftig zurückgeschlagen wurde.

Ein Mann trat heraus. Er war trotz der Kälte nackt bis auf einen Lendenschurz. Sein Oberkörper glänzte vor Schweiß. Der Kopf war kahl geschoren und das Gesicht und der dürre, ausgemergelte Körper waren über und über mit Mustern in roter und schwarzer Farbe tätowiert. In der faltigen Haut des Bauches steckten Nadeln aus Knochen und Geweihstückchen. Sie klapperten bei jeder Bewegung. Ein beißender, widerlicher Geruch umgab ihn und Amelie hielt unwillkürlich die Luft an, als er an ihr vorüberging. Schweigend trat er vor die kniende Gruppe, verschränkte die Arme vor der Brust und starrte abwesend in die Ferne.

»Sprecht!«, forderte er sie nach einiger Zeit auf, ohne die Jäger anzusehen. Ussali ergriff das Wort: »Wir bitten die Geister der Ahnen um ihren Schutz und Beistand für die Jagd. Der Schamane, der mit ihnen in Verbindung steht, möge unsere Waffen segnen.«

»Erhebt sie!«, befahl dieser. Alle hoben ihre Speere über den Kopf. »Sie nicht!«, donnerte er, während er die Augen geschlossen hielt und auf Amelie zeigte. Sein dürrer Finger schien sie durchbohren zu wollen. Die anderen drehten sich erschrocken zu ihr um. »Warte dort drüben«, raunte ihr Sitoga zu. Die Knie zitterten ihr, als sie aufstand und zu einem großen Felsen ging. Aus der Ferne sah sie, wie der Schamane mit ausladenden beschwörenden Gesten zu den knienden Menschen sprach. Plötzlich schloss sich der Vorhang wieder, und der Magier war verschwunden.

Die Jäger erhoben sich und kamen zu ihr herüber. Borud kreischte auf: »Sie muss verschwinden, jagt sie weg!« Drohend schwenkte er seinen Speer. Sitoga stellte sich sofort schützend vor sie und griff nach ihrer Waffe.

»Hört auf mit dem Unsinn!«, rief Ussali ungehalten. »Borud, nimm den Speer weg! Amelie kommt mit. Wir können jede Hilfe brauchen.«

Aber Borud gab sich nicht so rasch geschlagen: »Sie darf nicht mitkommen! Der Schamane hat ihre Waffe nicht gesegnet.«

Ein breites Grinsen erschien auf Ussalis Gesicht. »Natürlich nicht! Schließlich gehen wir auf die Hirschjagd.« Er legte seinen mächtigen Arm um ihre Schultern und drückte sie freundschaftlich. »Oder schwimmen bei euch die Hirsche unter Wasser?«, fragte er sie mit dröhnendem Lachen. Jetzt begannen auch Venti und Sitoga zu prusten und zeigten auf Amelies Speer.

Sie wusste nicht, was sie davon halten sollte, bis Sitoga schließlich erklärte: »Du hast eine Fisch-Harpune als Jagdwaffe mitgenommen.«

Immer noch lachend, brachen die Jäger auf. Mit verkniffenem Gesicht trottete Borud hinter den anderen her. Ussali bestimmte mit langen Schritten das Tempo. Amelie hatte einige Mühe, mitzuhalten. Im nördlichen steilen Berghang konnte sie auf halber Höhe den Eingang einer weiteren Höhle ausmachen. Kurze Zeit später entdeckte sie weiter südlich noch eine, knapp über dem Talboden. Beide wirkten verlassen, aber vor der südlichen gab es alte Feuerstellen und mit flachen Steinen belegte Kreise, wohl frühere Zelt- oder Hüttenplätze.

Sie bogen in ein weites Tal ein und gelangten zu einem kleinen Flusslauf, der ruhig dahinströmte. Ussali führte die Gruppe zu einer seichten Stelle und sie wateten hindurch. Die Jäger gingen, ohne zu zögern, durch den knietiefen Bach. Dass dabei die Lederkleidung nass wurde, schien sie nicht zu stören. Amelie folgte ihnen, wobei sich ihre Muskeln im eiskalten Wasser schmerzhaft verkrampften. Bereits nach wenigen Schritten waren ihre Beine völlig gefühllos.

Ussali bemerkte mit einem kurzen Blick, dass das fremde Mädchen in den nassen Hosenbeinen erbärmlich fror, und ging noch schneller. Durch die Anstrengung verstummten die Scherze und Gespräche der andern. Sie durcheilten ein sanft geschwungenes, mit Gebüschgruppen bewachsenes Trockental. Immer wieder waren Umwege nötig, um den Hindernissen auszuweichen. Amelie nahm schließlich fast nichts mehr von ihrer Umgebung wahr. Erschöpft taumelte sie weiter und versuchte nur noch, den Anschluss an die Gruppe nicht zu verlieren. Jedes Mal, wenn sie etwas langsamer wurde, hörte sie Boruds schnaufenden Atem hinter sich und strengte sich erneut an, um nicht zurückzufallen. Sitoga sprang leichtfüßig vor ihr her und wandte sich immer wieder besorgt um.

Am Fuß eines kleinen Hügels hielt Ussali endlich an und wartete, bis sich alle um ihn versammelt hatten. »Dort drüben haben Venti und ich die Hirschspuren entdeckt. Sie soll nun mit Sitoga nachsehen, ob die Tiere noch in der Nähe sind. Wir anderen warten hier so lange.« Sitoga folgte Venti, die bereits vorausgelaufen war.

Völlig erschöpft ließ Amelie sich abseits ins Gras fallen und versuchte, wieder zu Atem zu kommen. Ussali kam zu ihr herüber und kauerte sich neben sie. »Bist du in Ordnung?«, fragte er besorgt und strich ihr prüfend über die verschwitzte Stirn. Sie nickte mit geschlossenen Augen. »Hier, trink etwas!« Er reichte ihr seinen Lederschlauch. Vorsichtig nahm sie ein paar Schlucke und versuchte, nichts zu verschütten. »Hältst du durch, oder soll ich dich mit Borud ins Lager zurückschicken?«

»Nein, es geht schon!«, wehrte Amelie hastig ab. Die Aussicht, mit ihrem Feind allein zu sein, erschreckte sie zutiefst. Ussali nickte bedächtig.

»Du bist gut ernährt. Trotzdem hast du kaum Ausdauer. Und das kalte Wasser vorhin hat dir ganz schön zu schaffen gemacht«, stellte er fest. »Bist du wirklich mit deinen Leuten übers Eis gekommen, wie Sitoga berichtet hat?«

Amelie gab darauf keine Antwort und vermied es, seinen Blick zu erwidern.

»Sitoga ist alles andere als leichtgläubig«, fuhr er nach einer Weile fort, »ihr sind diese Ungereimtheiten sicher ebenfalls aufgefallen. Sie hat bestimmt ihre Gründe, warum sie diese Geschichte vom Großen Eis und deiner ums Leben gekommenen Familie erzählt.«

Gedankenverloren rupfte er einen Grashalm ab und steckte ihn zwischen die Zähne. Leise sprach er weiter: »Sitogas Vater war mein Freund. Sie ist wie eine Tochter für mich und ihm sehr ähnlich. Sie ist mutig und zuweilen waghalsig. Aber sie hat einen wachen Verstand und auf sie ist immer Verlass. Ich vertraue ihrem Urteil über dich.« Er fasste unter ihr Kinn und zwang sie, ihm in die Augen zu sehen. »Solange Sitoga zu dir steht, tue ich es ebenfalls«, sagte er ernst, »aber ich werde niemals zulassen, dass jemand durch dich in Gefahr gerät.« Er wandte sich um und ging langsam zu Borud hinüber, der mit einem Steinmesser an seinem Speer herumschnitzte.

Sitoga und Venti kamen zurück.

»Die Hirsche sind nach Nordosten geflüchtet«, berichteten sie atemlos, »wir haben im südlichen Geröllfeld ein frisch gerissenes Tier gefunden. Es sind Wölfe in der Nähe.«

Ussali sprang auf. »Los! Vielleicht können wir sie noch einholen«, rief er aufgeregt, »die Wölfe sind für uns keine Gefahr. Aber durch ihre Flucht haben die Hirsche eine deutliche Spur hinterlassen, der wir rasch folgen können.«

Die Jäger brachen auf. Sitoga kam herüber. »Alles in Ordnung mit dir?«, fragte sie. Amelie nickte, und die beiden rannten der Gruppe nach. Bald konnte auch Amelie die Spur erkennen: An feuchten Stellen gab es immer wieder tiefe Hufabdrücke, wo die schweren Tiere eingesunken waren, und an den Buschrändern konnte man abgebrochene Zweige erkennen. Die Aufregung der anderen übertrug sich auch auf sie. Kaum noch spürte sie die Anstrengung. Nach einer Weile wurde das Gelände trockener und war spärlicher bewachsen. Dadurch kamen sie zwar leichter voran, aber die Spuren waren jetzt nicht mehr so deutlich erkennbar.

Schließlich konnte Amelie gar keine Anhaltspunkte mehr finden, die auf das Rudel Hirsche hingewiesen hätten. Die Jäger hatten damit aber offenbar keinerlei Schwierigkeiten. Mit der steten und Kraft sparenden Bewegung von Langstreckenläufern behielten sie unvermindert ihre Geschwindigkeit bei und folgten mühelos ihrer Beute.

Nun ging es einen steilen Abhang hinauf. Amelie begann zu keuchen. Ihr Herz raste und ihre Beine fühlten sich an wie aus Blei. Sie wurde langsamer und fiel immer weiter zurück. Sitoga wandte sich besorgt nach ihr um. Gerade, als sie verzweifelt erkannte, dass sie den Anschluss verlieren würde, hob Ussali die Hand, und alle blieben stehen.

»Es sind vier ausgewachsene Tiere und zwei junge Böcke«, flüsterte Ussali, »da vorn haben sie schon wieder angefangen, an den Büschen zu knabbern.« Vorsichtig schlichen die Jäger weiter. Venti bedeutete den anderen, zu warten. Sie kroch geräuschlos und schnell wie eine Schlange über die Hügelkuppe. Sofort kam sie zurück. »Das Rudel steht genau jenseits der Kuppe«, wisperte sie.

»Verteilt euch hier«, flüsterte Ussali genauso leise, »ich umgehe mit Amelie den Hügel. Wir treiben die Hirsche dann auf euch zu.«

Sie gingen zurück zum Fuß der Erhebung und liefen rasch den Hang entlang. Ussali blieb schließlich stehen. Prüfend sog er die Luft ein. »Bleib hier, bis ich bei den Felsen dort angekommen bin«, wies er sie an, »dann gehen wir langsam auf den Hügel zu. Achte darauf, dass die Tiere dich nicht sehen. Sie sollen dich zwar hören, aber mach nicht zu viel Lärm, damit sie nicht in Panik geraten.« Er huschte durchs Gras und verschwand im dichten Gebüsch.

Amelie war froh, etwas verschnaufen zu können. Kurz kam ihr in den Sinn, dass gerade einmal 24 Stunden vergangen waren, seit sie sich in der Schule gelangweilt hatte. Und jetzt jagte sie Hirsche …

Doch für weitere Überlegungen war keine Zeit. Ussali tauchte bei den Felsen auf und bedeutete ihr, auf das Wild zuzuschleichen. Sie beobachtete ihn und versuchte, sich genauso wie der Jäger zu verhalten. Er ging sprunghaft und ungleichmäßig. Immer wieder blieb er stehen, wechselte ständig die Richtung und rupfte Blätter ab wie ein Tier, das in aller Ruhe äsend dahinschritt. Dabei näherte er sich ganz allmählich den Hirschen, die hinter einer Baumgruppe verborgen waren. Amelie konnte die Tiere nicht sehen. Aus den Geräuschen war jedoch zu schließen, dass sie zunehmend unruhig wurden. Sie vernahm Schnaufen und Prusten. Hufe stampften den Boden und Geweihe stießen wie trockene Äste aneinander.

Sie bog um einen Felsblock – und stand unvermittelt dem Rudel gegenüber. Keine zehn Meter trennten sie. Die Tiere waren riesig – doppelt so groß wie die Hirsche, die sie aus Wildparks kannte. Einen Moment starrten sie sich gegenseitig an. Dann kam Bewegung in die Gruppe: Die gewaltigen Körper wendeten und stoben in wilder Flucht davon. Der Boden erzitterte unter den stampfenden Hufen.

Beunruhigt erkannte Amelie, dass die Hirsche nicht bergwärts zu den in den Büschen lauernden Jägern stürmten, sondern seitlich ausbrachen und auf halber Höhe des Hügels dahinrasten. So konnten sie sie sicher nicht erreichen. Da sprang ihnen Ussali brüllend in den Weg und schwang wild seine Arme.

In Panik erhob sich der Leithirsch auf die Hinterhand und fegte Ussali fast um, als er in einem gewaltigen Satz seinen Körper herumriss und die wilde Flucht zur Hügelkuppe hin fortsetzte. Die anderen folgten ihm blindlings.

Ussali hatte sich im letzten Moment zu Boden geworfen, um den schlagenden Hufen zu entgehen. Jetzt sprang er auf, holte weit aus und schleuderte seinen Speer nach der Beute. Das Geschoss flog ein weites Stück pfeilgerade, seine Spitze senkte sich und bohrte sich schließlich tief in den Rücken eines Tieres. Der Hirsch taumelte kurz, setzte aber seine Flucht gleich darauf mit unverminderter Geschwindigkeit fort. Der Speerschaft wippte auf und nieder und vergrößerte bei jeder Bewegung die Wunde.

Als die Fliehenden die Hügelkuppe fast erreicht hatten, wurde das getroffene Tier, geschwächt durch Blutverlust und Schmerzen, merklich langsamer. Borud erhob sich aus seinem Versteck und gab den Jägern ein Zeichen. Sie sollten die anderen unbehelligt passieren lassen und nur versuchen, den verletzten Hirsch zur Strecke zu bringen.

Kaum war das Rudel über die Hügelkuppe, sprangen die Drei hervor und versuchten, möglichst nahe an das verwundete Tier heranzukommen. Venti und Sitoga rannten mit äußerster Kraft rechts und links von ihm, bis sie fast auf gleicher Höhe waren. Sie hinderten es dadurch, seitlich auszubrechen, und schleuderten fast gleichzeitig ihre Speere. Der Hirsch warf in wilder Panik den Kopf nach hinten. Ventis Spieß prallte von den gewaltigen Geweihschaufeln ab und fiel zu Boden. Sitogas Waffe aber bohrte sich in die Flanke. Das Tier brüllte auf vor Schmerz und Wut und beschleunigte nochmals seinen Lauf. Venti und Sitoga fielen zurück. Sie konnten mit dem Dahinrasenden nicht mehr Schritt halten.

Borud war am weitesten von der Stelle entfernt gewesen, an der das Rudel die Hügelkuppe erreicht hatte. Während Venti und Sitoga den Hirsch verfolgten, war er rasch auf einen Felsblock geklettert. Von hier aus konnte er das Gelände weit überblicken. Amelie sah, wie er bedächtig – fast wie in Zeitlupe – einen Langspeer auf ein unterarmlanges Holzscheit legte. Auf der Oberseite dieser Speerschleuder verlief über die gesamte Länge eine Führungsrille für den Schaft. Am vorderen Teil befand sich ein massiver Griff, am hinteren Ende hielt ein Dorn den befiederten Speer.

Borud holte weit aus und zog in einer fließenden Bewegung seine Hand kräftig nach vorne. Die Speerschleuder stellte sich dabei steil auf wie eine Verlängerung seines Armes und ließ von ihrem Dorn aus den langen Speer davonschnellen. Es gab ein zischendes Geräusch, als dieser durch den Hebel beschleunigte – auf eine viel höhere Geschwindigkeit, als sie mit einfachem Werfen aus der Hand zu erreichen gewesen wäre.

Der Langspeer schoss hoch in den Himmel, senkte sich am Scheitelpunkt seiner Flugbahn und wurde immer schneller. Dann schlug er in den fliehenden Hirsch und brachte ihn endlich zu Fall. Die Vorderläufe knickten ein, der massige Körper überschlug sich mehrmals und kam schließlich in einer Staubwolke zur Ruhe.

Nach einem Augenblick absoluter Stille erscholl das Triumphgeschrei der Jäger. In wilden Sprüngen eilten sie herbei. Amelie bemerkte überrascht, dass sie selbst genauso laut und ausgelassen schrie und tobte wie die anderen. Die während der Jagd bis zum Zerreißen angespannten Nerven forderten jetzt ihren Teil. Sogar der finstere Borud grinste stolz.

Glücklich klopften sich die Jäger gegenseitig auf die Schultern. Alle drei Speerschäfte waren beim Sturz des Tieres abgebrochen, aber an den mit Widerhaken versetzten Steinspitzen, die noch im Fleisch steckten, konnten Eintrittswinkel und -tiefe begutachtet und erläutert werden. Vor allem Borud erntete große Anerkennung für seinen Meisterschuss. Venti war etwas stiller als die anderen – hatte sie doch das Pech gehabt, dass ihre Waffe vom Geweih des Hirsches abgeprallt war.

Als sich alle einigermaßen beruhigt hatten, hockten sie sich im Kreis um ihre Beute. Ussali, der sich am Kopf des Tieres befand, hob beide Hände gegen den Himmel. Er stimmte einen monotonen Gesang an, in den die anderen nach und nach einfielen. Für Amelie klang es unheimlich und unendlich traurig. Worte waren nicht zu verstehen. Die Zeit schien stillzustehen. Sie glaubte schon, es würde nie mehr enden.

Aber endlich ließ er die Arme sinken. Der Singsang wurde leiser und verstummte schließlich ganz. Ussali sprach:

»Tapferer Hirsch! Wir beklagen deinen Tod. Wir bedauern zutiefst, dass wir dich töten mussten. Wir bitten dich, verzeihe uns. Du musstest sterben, damit wir leben können. Wir werden dich ehren, indem wir an unseren Feuern das Lied der Jagd singen. Wenn wir dein Fleisch essen, wird deine Kraft auf uns übergehen und in uns weiterwirken. Du nährst unsere Kinder, damit unsere Gruppe auch in Zukunft wachse und gedeihe. Mögen die Jäger nun die Schnelligkeit deines Laufes mit deinem Blut trinken!«

Er nahm ein Steinmesser aus seinem Beutel und schnitt tief in den Hals des Tieres. Sofort sprudelte hellrotes Blut hervor. Er fing es mit bloßen Händen auf, führte sie an seine Lippen, trank einen Schluck und hob sie erneut zum Himmel. »Geist des toten Hirsches! Steige nun auf zur Sonne, zum Mond und zu den Sternen! Vereinige dich mit dem großen Schöpfergeist und mit den Geschöpfen allen Lebens! Entbiete ihnen unseren Gruß und bitte sie, uns Jagdglück zu gewähren, damit wir nicht hungern müssen im langen Winter!«

Er hielt einen breiten Lederbeutel unter den Hals des Hirsches, um das immer noch herausströmende Blut aufzufangen. Jeder trank einen Schluck von der dampfenden Flüssigkeit. Amelie bemerkte erschreckt, dass Ussali sie erwartungsvoll anstarrte. Sie überwand sich und schöpfte ebenfalls eine Handvoll des klebrigen Blutes. Schaudernd hielt sie sich die Hand vors Gesicht. Als ihr der warme metallische Geruch in die Nase stieg, musste sie sich fast übergeben. Mit größter Anstrengung zwang sie ihren widerstrebenden Magen zur Ruhe und würgte etwas von der abscheulichen Flüssigkeit hinunter.

Nach der Zeremonie zerlegten die Jäger den Kadaver. Sie öffneten mit ihren scharfen Steinmessern die Bauchhöhle und lösten das Fell an den Innenseiten der Läufe. Sitoga warf Amelie eine Klinge zu und forderte sie auf, den Kopf des riesigen Tieres abzutrennen. Unbeholfen schnippelte sie am Hals herum, ohne viel dabei auszurichten. Die anderen sahen zu ihr hin und schüttelten verwundert die Köpfe. Als sie an dem glitschigen Fell immer wieder abrutschte und sich schließlich in den Finger schnitt, hatte Ussali ein Einsehen: »Du solltest eigentlich den Kopf abschneiden und nicht deine Hand«, zog er sie auf. »Vielleicht ist es besser, wenn du schon mal Feuerholz sammelst«, schlug er vor, »aber nimm deine Harpune mit, falls du dich gegen einen gefährlichen Fisch verteidigen musst …« Amelie lief vor Verlegenheit krebsrot an, während die anderen sie gutmütig auslachten.

Sie war fest entschlossen, zu zeigen, dass sie sich durchaus nützlich machen konnte. Sie ging zu ein paar Felsen hinüber, bei denen dichtes Gebüsch und eine Baumgruppe standen. Dort sammelte sie so viele dürre Äste auf, wie sie tragen konnte und schleppte sie zu den Jägern.

Das Zerlegen des Hirsches war noch in vollem Gang. Borud und Ussali hatten fast das gesamte Fell abgezogen. Sie zerrten noch an den letzten Resten, und es löste sich mit einem hässlichen Schmatzen von dem blutigen Kadaver. Amelie war froh, dass sie gleich wieder kehrtmachen konnte, um weiteres Feuerholz zu holen.

Zurück im Wäldchen, überlegte sie, dass sie noch viele Male hin- und hergehen musste, bis sie genug Holz gesammelt hätte, um die Nacht hindurch ein Feuer zu unterhalten. Da die Sonne bereits dicht am Horizont stand, wurde die Zeit langsam knapp. Sie beschloss, die Sammelei wirkungsvoller zu gestalten. Von einer gedrungenen und weit ausladenden Kiefer riss sie einen der untersten Äste ab. Er war armdick und sie musste ihre ganze Kraft aufwenden. Schließlich gab er mit einem lauten Knacken nach und Amelie plumpste unsanft auf ihr Hinterteil. Aber sie hatte es geschafft. Der große Ast hatte so viele Zweige, dass er aussah wie ein überbreiter Besen. Darauf packte sie so viel trockenes Holz, wie sie finden konnte. Bald schon hatte sie einen ansehnlichen Haufen aufgeschichtet. Allerdings war dieser nun so schwer, dass er sich nicht mehr bewegen ließ. Sie zog und zerrte daran, brachte ihn aber nicht von der Stelle.

Mürrisch gab sie dem Ast einen Tritt und stapfte nur mit einem Arm voll Holz zu den Jägern hinüber. Die waren inzwischen fast fertig. Sie schlugen die Läufe des Hirsches in Lederbahnen ein, der Rumpf wurde mehrfach zerteilt und in die abgezogene Haut geschnürt. Der Schädel mit den riesigen Geweihschaufeln lag auf dem blutgetränkten Boden und die toten Augen starrten in den dunklen Himmel.

Ussalis Geduld mit Amelie war nun zu Ende. Verächtlich blickte er auf den kleinen Holzstapel, den sie am Rand des Schlachtplatzes aufgeschichtet hatte. »Sitoga, komm mit, wir holen Feuerholz«, sprach er enttäuscht, »deine Freundin ist nicht einmal dazu zu gebrauchen«. Amelie trottete bedrückt hinter den beiden her. Beim Wäldchen bemerkte Ussali trotz der beginnenden Dunkelheit sofort den großen Holzhaufen. Er fuhr herum: »Was soll das denn werden? Willst du etwa hier an dieser Stelle Feuer machen?«

Amelie versuchte zu erklären, dass sie den Ast wie einen Schlitten für das Brennholz hatte verwenden wollen, aber alleine nicht stark genug gewesen war, um das Bündel zu ziehen. Stirnrunzelnd umrundete Ussali den Stapel. Dann ergriff er den Ast und zog versuchsweise kräftig daran. Dieser gab nach und setzte sich mitsamt seiner Holzladung ein kurzes Stück in Bewegung. Überrascht blickte er auf und begann zu grinsen. Mit seinen Bärenkräften war es für ihn ein Leichtes, den Kiefernast über den Boden zu ziehen. Nach ein paar Metern blieb er stehen. »Da passt noch mehr drauf!« rief er. Alle drei packten zu. Ussali spuckte strahlend in die Hände und klemmte sich den Ast unter den Arm. Er stemmte die Beine fest in die Erde und zog aus Leibeskräften. Der Holzstapel rutschte hinter ihm her. Ussali wurde immer schneller. Amelie und Sitoga rannten nebenher und versuchten zu verhindern, dass allzu viel Holz von dem Schlitten wieder herabfiel. Der Boden war zum

Glück einigermaßen eben, und als sie aus dem Wäldchen in das offene Grasland kamen, glitt der Ast mit seiner Ladung noch leichter dahin.

Schwer atmend gelangten sie zum Schlachtplatz, wo die beiden anderen sie bereits kopfschüttelnd erwarteten. Venti lachte, als sie den riesigen Holzvorrat sah und fragte, ob sie hier überwintern sollten. Borud knurrte, die Schleifspur werde noch für viele Generationen sichtbar sein. Tatsächlich wirkte das in einer breiten Spur platt gewalzte Gras, als sei dort eine Herde Mammuts spazieren gegangen.

Etwas abseits hatte Venti inzwischen mit den ersten von Amelie gesammelten Zweigen ein kleines Feuer entfacht. Nun legten sie ordentlich nach und bald loderten hohe Flammen zum Abendhimmel, an dem bereits die ersten Sterne blinkten.

Amelie spürte, dass sie schon lange nichts mehr gegessen hatte. Ihr Magen knurrte vernehmlich. Als sie aber sah, wie Sitoga die blutigen Innereien des Hirsches auf einer Lederplane ausbreitete, verging ihr Hunger augenblicklich. Heftiges Heimweh packte sie, als sie an all die Annehmlichkeiten dachte, die zu Hause so selbstverständlich waren. Was hätte sie jetzt für einen Bissen Brot, eine heiße Suppe oder gar ein Stückchen Schokolade gegeben!

Sitoga hatte inzwischen die dunkle Leber in mehrere Stücke zerschnitten, sie auf Spieße gesteckt und mit verschiedenen Kräutern umwickelt, die sie mit dünnen Streifen aus der Magenwand festband. Das Ganze hielt sie über die Glut. Nun verbreitete sich ein köstlicher Duft. Das Wasser lief allen im Mund zusammen. Selbst Amelie fand das Essen auf einmal gar nicht mehr widerlich.

Bevor Sitoga das Fleisch verteilen konnte, rief Ussali: »Moment! Das beste Stück hat sich Amelie verdient. Durch ihre Idee mit dem Holztransport haben wir ein Lagerfeuer, mit dem man ein ganzes Hirschrudel grillen könnte.«

»Ja, das nächste Mal zünden wir zuerst ein Feuer an und treiben die Beute einfach hinein«, spottete Venti. Sie zogen sie noch eine Weile gutmütig auf und langten beim Essen kräftig zu, und auch Amelie biss herzhaft in das gegrillte und schmackhaft gewürzte Fleisch. Dazu gab es eine Handvoll Beeren für jeden und Wasser aus dem Lederschlauch.

Nach dem fröhlichen Mahl machte sich Müdigkeit breit. Der Tag war lang und anstrengend gewesen. Ussali teilte die Wachen ein: Venti und Borud sollten beginnen. Wenn der Stern des Höhlenbären aufging, waren Sitoga und Amelie an der Reihe, und die letzte Wache wollte Ussali selbst übernehmen.

Acht

Es war inzwischen empfindlich kalt geworden, und ein unangenehmer Wind blies aus Osten. Amelie wickelte sich wie die anderen fest in die mitgebrachten Lederdecken und legte sich so dicht wie möglich ans Feuer. Hinter ihr erhob sich eine niedrige Felswand, die die Wärme zurückwarf. So war die Kälte eigentlich ganz erträglich. Ussali blieb noch eine Weile sitzen und sang schwermütige Lieder. Die Melodien vereinigten sich mit den Geräuschen des Windes und der monotone Gesang wurde weit über die Hochebene getragen.

Amelie blickte abwechselnd ins Feuer und hinauf zu den Sternen, die so klar und hell funkelten, wie sie es zu Hause noch nie wahrgenommen hatte. Die Felsgrate und Bergspitzen zeichneten sich scharf gegen den samtschwarzen Himmel ab. Sie fühlte sich seltsam leicht in der Weite und trotz der Fremdheit ringsum wohlig geborgen. Tröstlich spürte sie Sitoga neben sich, und wenn sie den Kopf etwas wandte, konnte sie die Wachsamkeit von Venti und Borud wahrnehmen, die den anderen einen sicheren Schlaf ermöglichten. Die Lider wurden ihr schwer, und schließlich fiel sie in einen unruhigen Schlummer.

Als sie unsanft an der Schulter gerüttelt wurde, meinte sie, gerade erst die Augen geschlossen zu haben. Sie fror erbärmlich und war vom Liegen auf dem harten Boden völlig steif. Es war alles andere als verlockend, die schützenden Felle zu verlassen, obwohl diese sich nun klamm und feucht anfühlten. Das Feuer war heruntergebrannt und glühte mit rötlichem Schimmer. Flammenzungen leckten geisterhaft über die verkohlten Äste.

Seufzend rappelte sie sich auf und folgte Sitoga zu den Felsen oberhalb des Lagerplatzes. In deren Schutz richteten sie sich für ihre Wache ein. Der Wind hatte inzwischen gedreht, und die Sterne verbargen sich hinter einem Wolkenschleier. Amelie verkroch sich bibbernd in ihrer Kleidung, während Sitoga die Kälte nicht zu spüren schien. Hoch aufgerichtet spähte sie aufmerksam in die Dunkelheit und lauschte auf jedes Geräusch. Amelie konnte außerhalb des kleinen Lichtkreises um die glimmende Feuerstelle nur undeutliche Schemen erkennen. Der böige Wind ließ das Grasland rauschen und erzeugte klagende Laute, wenn er sich in den Felsen verfing. Ab und zu knackte ein Zweig unten im Feuer und ein paar Funken sprühten auf.

Sitoga konnte offensichtlich viel mehr Geräusche unterscheiden. Einmal stand sie plötzlich auf und ging ein paar Schritte in die Dunkelheit, bevor sie lauschend stehen blieb. Mehrere Minuten verharrte sie reglos. Schließlich kam sie zurück.

»Hast du etwas bemerkt?«, wollte Amelie wissen.

Sitoga zuckte gleichgültig die Schultern. »Ein großer Luchs schleicht um unser Lager. Außerdem zieht in der Ferne ein Wolfsrudel nach Süden – etwa sechs bis acht Tiere.«

»Ist das für uns gefährlich?«, fragte Amelie beunruhigt.

»Die Wölfe sind an uns nicht interessiert. Jetzt im Herbst fressen sie hauptsächlich Mäuse und anderes Kleingetier, und das gibt es zurzeit in Massen«, erklärte sie, »und der Luchs ist verletzt und lahmt. Auch er wird keinen Angriff auf ein Lager mit bewaffneten Jägern wagen. Wahrscheinlich wartet er, bis wir morgen zur Höhle ziehen, und macht sich dann über die Abfälle her. Er folgt uns übrigens schon seit gestern Mittag.«

Sitoga schien genau zu wissen, was um sie herum geschah und jede noch so kleine Veränderung sofort zu spüren. Gegen ihre feinen Wahrnehmungen fühlte sich Amelie wie blind und taub.

Endlich war ihre Wache zu Ende. Ussali kam herauf und nickte ihnen zu. Missmutig wickelte er sich in sein Fell und deutete nach Westen. »Bald wird's ungemütlich, es kommt Regen«, brummte er. Sitoga schnitt bestätigend eine Grimasse und wandte sich mit ihrer Freundin zum Gehen.

Am Feuer wickelte sich Amelie wieder so fest wie möglich in ihre klammen Felldecken und versuchte, ihre Beine und Füße warm zu bekommen. Sitoga legte noch einmal Holz nach und streckte sich ebenfalls aus. Kaum lag ihr Kopf auf dem Fellbündel, war sie bereits fest eingeschlafen.

Neun

Sie wusste erst einmal nicht, wo sie überhaupt war. Regen pladderte ihr ins Gesicht, und alles um sie herum war nass, kalt und erbärmlich ungemütlich. Verschlafen setzte sie sich auf und rieb sich mit steifen Händen die Augen. Jemand reichte ihr eine Holzschale mit einer dampfenden Flüssigkeit.

Als sie aufsah, erblickte sie Sitogas vertrautes Gesicht, die sie teils spöttisch, teils mitleidig betrachtete. Die Welt um sie herum hatte sich völlig verändert. Der am Tag zuvor hohe, blassblaue Himmel war nun von tief hängenden, dunklen Wolken verdeckt, die Berggipfel im Dunst verschwunden. Graue Nebelfetzen und Regenschleppen zogen über das Land. Alles sah öde und trostlos aus. Der kalte Wind hatte sich zwar gelegt, dafür strömte ein durchdringender Nieselregen herab, bildete überall Pfützen und drückte auf die Stimmung der Menschen. Schweigend brüteten die Jäger vor sich hin. Jeder hatte eine dampfende Holzschale vor sich und schlürfte von Zeit zu Zeit von dem heißen Wasser, das von ein paar Kräutern, Blättern und klein geschnittenen Wurzeln einen bitteren Geschmack hatte.

Amelie fiel auf, dass Borud fehlte. Ussali hatte ihn zurück zum Lager geschickt, um Verstärkung zu holen. Zu fünft hätten sie es nicht geschafft, die erbeutete Fleischmenge zu transportieren.

Sie machten es sich während der Wartezeit so bequem wie möglich. Venti und Sitoga hatten einige Stöcke an die Felsen gelehnt und Felldecken darüber gebreitet – ein halbwegs trockener Unterschlupf für alle. Am Feuer vor dem Eingang brieten sie Fleischstückchen. Eine kleine Bodenvertiefung war mit einem Ledertuch ausgelegt. Ussali goss Wasser aus dem Trinkschlauch hinein und ließ heiße Steine aus dem Feuer zischend hineinrollen. Zusammen mit den fein zerriebenen Kräutern aus seinem Beutel ergab das den bitteren Tee, von dem Amelie bereits getrunken hatte.

Sogar die Kleidung trocknete dampfend und Amelie döste wie die anderen immer wieder ein, wohlig begleitet vom Zischen der Regentropfen im Feuer.

Von draußen war freudiges Rufen zu hören. Borud kam mit einigen Leuten aus dem Lager. Stolz zeigten die Jäger ihre Beute. Im Nu waren das Zelt abgebaut und die wenigen Habseligkeiten eingepackt. Borud und Ussali luden sich je eine der mächtigen Hinterkeulen des Hirsches auf den Rücken. Sitoga und Venti übernahmen die etwas leichteren Vorderläufe. Die einzelnen Teile des Rumpfes wurden an lange Stangen gebunden und von je zwei Leuten getragen. Zwei Männer waren allein für den Schädel mit den Geweihschaufeln nötig.

Ussali gab das Zeichen zum Aufbruch. Amelie stemmte das Hinterende einer der Stangen auf ihre Schulter. Das Vorderende übernahm ein Junge, der etwa in ihrem Alter war. Zwischen ihnen hing schwer ein Teil des Brustkorbes. Das Gehen mit der Last war anstrengend. Die Holzstange drückte schmerzhaft auf ihr Schlüsselbein und sie musste bei jedem Schritt ausgleichende Bewegungen machen. Sonst bog sich das Holz in der Mitte durch, federte zurück und geriet derart in Schwingung, dass es ihr einen heftigen Schlag auf die Schulter versetzte. Am schwierigsten war es, in dem unebenen Gelände einen Gleichschritt zu finden. Das Fleisch schwang hin und her, wippte auf und nieder, und der Junge vor ihr drehte sich mehrmals mit verärgertem Gesicht um, wenn sie wieder nicht genau aufgepasst hatte und die Last fast zu Boden ging. Nach kurzer Zeit hatte sie das Gefühl, dass jeder Knochen in ihrem Oberkörper zerbrochen war. Sie sehnte sich nach einer Pause.

Der Junge vor ihr verlagerte geschickt von Zeit zu Zeit das Gewicht auf seinen Schultern. Er tauchte, ohne stehen zu bleiben, mit seinem

Kopf unter der Stange durch und schob scheinbar mühelos die Trage auf die jeweils andere Seite.

Der Rückweg schien endlos, aber schließlich erreichten sie doch das Lager. Mit großem Jubel wurden sie empfangen. Die Menschen liefen der Gruppe entgegen und nahmen ihnen die schweren Lasten ab.

Zehn

Erschöpft ließ sich Amelie ins nasse Gras fallen. Sie fühlte sich wie zerschlagen nach den fast übermenschlichen Anstrengungen. Jeder Knochen tat ihr weh und ihre Schulter war zu einem schmerzhaften Höcker angeschwollen, der bereits jetzt in allen Regenbogenfarben schillerte. Sie schloss kurz die Augen, um gegen die pochenden Nadelstiche in ihren Schläfen anzukämpfen, die heftiges Kopfweh ankündigten. Ihr fiel auf, dass der Junge, mit dem sie gemeinsam einen Teil des Hirschrumpfes getragen hatte, sie aus einiger Entfernung musterte. Er lächelte zu ihr herüber und zwinkerte mit einem Auge. Er hatte ein hübsches, markantes Gesicht. Seine Augen waren tief dunkelgrün und sie sah ein humorvolles Blitzen in ihnen.

Verwirrt wandte sie den Blick ab – nur um im nächsten Moment das spöttische Grinsen von Sitoga zu bemerken, der der Blickwechsel zwischen ihr und dem Jungen nicht entgangen war. »Er heißt Rokai«, flüsterte sie, wobei sie ihre Augenbrauen bedeutungsvoll nach oben zog. Amelie ärgerte sich, dass ihr wieder einmal das Blut ins Gesicht schoss. Als sie aufsah, war Rokai verschwunden.

Im Lager herrschte geschäftiges Treiben. Der Hirsch musste weiter zerlegt und das Fleisch verwertet und haltbar gemacht werden. Knochen wurden abgeschabt und das wertvolle Fell auf dem Boden ausgespannt und zum Gerben vorbereitet. Niemand beachtete Amelie und so zog sie sich ins Zelt zurück und kroch auf ihr Bett. Die Erschöpfung ließ sie auf der Stelle in einen tiefen Schlaf sinken. Sie merkte nicht einmal, dass An-Oni immer wieder nach ihr sah und ihre Schulter mit einer heilenden Salbe einrieb.

Amelie schlief traumlos bis zum nächsten Morgen. Wach wurde sie erst, als Uri laut brüllend nach Nahrung verlangte. An-Oni angelte verschlafen nach dem Säugling und legte ihn an ihre Brust. Er beruhigte sich schnell, trank laut schmatzend und döste schließlich ebenso wie seine Mutter wieder ein.

Die anderen Zeltbewohner hatte er mit seinem Geschrei allerdings endgültig aufgeweckt. Durch den Rauchabzug im Dach fiel bereits dämmeriges Tageslicht herein. Sitoga setzte sich verschlafen auf und blies vorsichtig in die Asche der Feuerstelle. Missmutig sprang sie auf. »Das Feuer ist ausgegangen«, brummelte sie und machte sich fröstelnd an ihrem Lederbeutel zu schaffen. Von einem trockenen Baumpilz zupfte sie ein paar Fasern ab, zerrieb sie zwischen den Händen und legte sie behutsam auf ein Lederläppchen. Dann gab sie ein paar Grashalme und Ästchen dazu und kramte einen faustgroßen Feuerstein und eine kleine goldglänzende Erzknolle heraus. Amelie sah von ihrem Lager aus interessiert zu. Sitoga schlug die Pyritknolle mehrmals kräftig gegen den Stein. Funken sprühten auf und fielen in das vorbereitete Zundernest. Nach kurzer Zeit stiegen dünne, kaum wahrnehmbare Rauchfäden auf. Sie legte die Steine rasch zur Seite und blies ganz vorsichtig auf die Fasern. Winzige Glutpünktchen, die sich entlang der Pilzfäden bewegten, waren zu sehen. Wenn sie auf einen Grashalm stießen, züngelten Flämmchen auf, die dann die Rindenstücke entzündeten. Schließlich loderte auf dem etwa handtellergroßen Lederlappen ein munteres Feuerchen, mit dem Sitoga das aufgeschichtete Holz entfachen konnte.

Zufrieden knurrend steckte sie ihr ›Feuerzeug‹ zurück in den Beutel. Sie legte noch weiteres Holz nach und ausgiebig gähnend wickelte sie sich wieder in ihre Decken.

Die Wärme des Feuers war sofort spürbar und vertrieb schon bald die klamme Nachtluft aus dem Zelt. Venti sprang aus ihrem Bett, murmelte einen Morgengruß und zog sich rasch an. Sie griff sich ein Stück kaltes Fleisch vom Abendessen, schnappte sich ihre Jagdwaffen und eilte hinaus. Am Eingang drehte sie sich noch um und nickte Amelie kurz zu. »Sitoga soll dir noch mehr von meinen Sachen zum Anziehen geben. Die Größe passt dir ja ganz gut«, nuschelte sie und war verschwunden.

Sitoga bereitete inzwischen das Frühstück zu. Die Kochsteine, die neben dem Feuer lagen, waren jetzt heiß genug, um das Wasser in der Kochgrube zu erhitzen. Obwohl Amelie den Vorgang nun schon kannte, erstaunte es sie immer noch, wie gut das Zubereiten von Speisen ohne Kochtöpfe und Herd funktionierte. Sitoga gab ein paar Knochen in die Brühe, dazu getrocknete Beeren, Pilze, Kräuter und Wurzeln, die Amelie unbekannt waren. Ein würziger Duft zog durch den Raum und ihr lief bereits das Wasser im Mund zusammen.

Auf der gegenüberliegenden Seite des Zeltes erwachte An-Oni und schnupperte genießerisch. »Hm, das riecht aber lecker«, murmelte sie, »guten Morgen, ihr beiden«.

»Morgen, Mama, hast du einigermaßen schlafen können?«, fragte Sitoga.

»Es geht so«, seufzte sie, »Uri hat mich ganz schön auf Trab gehalten. Ständig wollte er trinken. Ich glaube, er braucht bald feste Nahrung. Er wird gar nicht mehr richtig satt.« Sie wickelte das schlafende Baby fest in die warmen Decken und polsterte das Lager so ab, dass es nicht herausfallen konnte. Dann setzten sich die drei Frauen ans Feuer und genossen gemeinsam das Frühstück. Gemütlich plauderten sie miteinander. »Ist Venti bereits weg?«, fragte An-Oni.

»Ja, sie will mit Ussali die Rentierherden beobachten, ob sie sich schon Richtung Süden in Bewegung setzen. Sie werden wohl ein paar Tage unterwegs sein«.

»Wolltest du denn nicht mitgehen? Du redest doch seit Wochen davon, dass du dieses Jahr den Aufbruch der Herden verkünden möchtest.«

»Ach, das schaffen die beiden auch ohne mich«, wehrte Sitoga mit einem Seitenblick zu Amelie ab. An-Oni hob erstaunt die Augenbrauen. So rücksichtsvoll kannte sie ihre wilde und unbändige Tochter gar nicht. Natürlich hütete sie sich, das laut auszusprechen. Stattdessen wechselte sie das Thema: »Ich möchte noch mal nach Che'Gwoia sehen. Sie hatte gestern Abend große Schmerzen in den Beinen. Das Alter macht ihr

Mühe, und ich will versuchen, ob ich ihr etwas Linderung verschaffen kann. Könnt ihr euch so lange um Uri kümmern?«

»Ja, das tue ich gerne!«, platzte Amelie heraus. Sie war froh über die Gelegenheit, sich nützlich machen zu können. »Na, dann geht's ihm ja richtig gut. Ich glaube, er mag dich sehr«, sagte An-Oni lächelnd.

»Was bedeutet das, was deine Mutter vorhin über die großen Herden gesagt hat?«, wollte Amelie wissen, nachdem An-Oni gegangen war.

»Du meinst die Verkündigung des Aufbruchs? Das ist ein richtiger Wettbewerb. Wer von den Jägern zuerst bemerkt, dass die Rentierherden die Sommerweiden verlassen wollen, darf dies den Leuten im Lager mitteilen. Das ist dann der Beginn der großen Jagd.«

»Und das hättest in diesem Jahr du sein können?«

»Ist nicht so wichtig.«

»Du bist eigens meinetwegen hier geblieben?«, fragte sie leise.

Sitoga antwortete eine Zeit lang nicht. Schließlich gab sie sich einen Ruck. »Na ja, was soll ich machen. Du hättest nicht mitkommen können. Der Weg ist sehr anstrengend und du bist noch erschöpft von der Hirschjagd. Und Borud, Alon und der vermaledeite Schamane stecken ständig die Köpfe zusammen. Die hecken irgendetwas aus. Ich will dich nicht mit ihnen hier im Lager allein lassen.«

»Danke …«, flüsterte Amelie gerührt.

Sie wurden von Uri unterbrochen, der erneut aufgewacht war und sich gleich lautstark bemerkbar machte. Amelie nahm ihn von seiner Liege auf und wiegte ihn in ihren Armen. Er beruhigte sich schnell, und als sie ihn wickelte, spielte er wieder entzückt mit ihren blonden Haaren.

Elf

Die nächsten Tage verbrachten die beiden Freundinnen im Lager. Es gab von morgens bis abends unendlich viel zu tun und An-Oni wies ihnen ständig neue Arbeiten zu. Anfangs musste Amelie ihren Abscheu überwinden, um mit einer Steinklinge die Fettreste von den blutigen Fellstücken zu schaben. Die Fellbahnen wurden anschließend mit Holzpflöcken am Boden aufgespannt und mit einem roten Pulver eingerieben, um das Leder geschmeidig und haltbar zu machen.

Besonders widerlich fand sie die Methode, die der alte Tarik anwandte, um die feineren Fellstücke zu gerben: Nach dem Entfernen von Fett und Haaren legte er die Häute stundenlang in einen süßlich stinkenden Sud aus Pflanzen und dem Gehirn des Hirsches. Die Stücke mussten immer wieder ausgewrungen, gedehnt und erneut in die heiße Brühe gelegt werden. Im Lauf der Zeit wurden sie dabei heller und weicher. Mit klarem Wasser ausgewaschen und getrocknet, ergaben sie schließlich das feine weiße Leder, aus dem Kleidung hergestellt werden konnte, wie sie Amelie nun selbst trug.

Das Zerlegen der großen Fleischstücke ging überraschend leicht. Die von den Jägern frisch abgeschlagenen Steinklingen waren so scharf, dass man aufpassen musste, sich dabei nicht in die Hände zu schneiden. Amelie schnitt das Hirschfleisch in schmale Streifen, die Sitoga mit Kräutern einrieb und auf lange Schnüre aus Pflanzenfasern auffädelte. Diese wurden zum Trocknen zwischen Pfähle gespannt. Der stetige Wind vertrieb die Fliegen und verwandelte innerhalb kurzer Zeit die Streifen in schrumpelige, faserige Stücke. Am hölzernen Klang der klappernden Fleischstücke konnte An-Oni erkennen, ob sie für das Einlagern ausreichend getrocknet waren.

Sitoga maulte und jammerte zwar, wenn ihr ständig neue Aufgaben aufgetragen wurden, aber ein scharfer Blick ihrer Mutter genügte meist, um sie verstummen zu lassen. Amelie hatte ein schlechtes Gewissen, weil sie schließlich ihr zuliebe im Lager geblieben war und nun Arbeiten verrichten musste, die ihr so offensichtlich verhasst waren. Sie gab sich besonders Mühe, alles richtig zu machen, aber die ungewohnten körperlichen Anstrengungen erschöpften sie völlig. Abends fiel sie todmüde und mit schmerzendem Rücken auf ihr Bett. Morgens kroch sie unausgeschlafen und mit steifen Gliedern aus dem Zelt, um einen weiteren Tag mühseliger Plackerei zu überstehen. Wenn die Erschöpfung zu groß wurde, schickte An-Oni sie mit Venti zum Brennholzsammeln oder hieß sie auf Uri aufpassen, während sie selbst die schwereren Tätigkeiten übernahm.

Die anderen Bewohner des Lagers hielten sich scheu zurück und sprachen kaum mit ihr. Ein Kopfnicken oder ab und zu ein kurzer Gruß waren fast ihre einzigen Kontakte. Hinter ihrem Rücken spürte sie jedoch deutlich die neugierigen Blicke und das heimliche Getuschel der Leute, wenn sie in der Nähe war.

Immer wieder kamen Besucher in ihr Zelt, die sich wegen allen möglichen Beschwerden, Verletzungen und Krankheiten von An-Oni behandeln ließen. Die Heilkundige ertrug geduldig das wehleidige Gejammer des alten Tarik und begleitete ihn mit Salben und verschiedenen Tränken versehen wieder hinaus. Genauso gut konnte sie mit raubeinigen Jägern umgehen, die mit zusammengebissenen Zähnen versuchten, sich die Schmerzen einer eiternden Wunde nicht anmerken zu lassen. An-Oni wusch sie mit warmem Wasser aus, entfernte mit ruhiger Hand alle Fremdkörper und verband sie schließlich mit sauberen Lederlappen. Immer häufiger bat sie Amelie, ihr dieses oder jenes Kraut zu geben, Fellstreifen als Binden vorzubereiten oder aus verschiedenen Pflanzen und Tierfett heilende Salben zu mischen. Bereits nach kurzer Zeit kannte sie die Heilkräfte vieler Kräuter und konnte An-Oni die richtige Arznei reichen, ohne dass sie dazu extra aufgefordert werden musste.

Zwölf

Endlich gab es Abwechslung im täglichen Einerlei. Die Leute im Lager waren auf einmal aufgeregt und bei der Arbeit wurde häufiger gesungen und gelacht als in den Tagen zuvor. Als Amelie nach dem Grund fragte, erklärte ihr Sitoga, dass am nächsten Tag die Prüfung der neuen Jäger beginnen sollte.

Bereits am Morgen war das ganze Lager ungewöhnlich früh auf den Beinen. Die Zelte der Familien, in denen die neuen Jäger wohnten, wurden mit Zweigen, Blumenketten und Jagdwaffen feierlich geschmückt. An den Feuern bereiteten die Menschen große Essensmengen zu. Alle hatten ihre beste Kleidung angezogen und wertvolle Muschelketten um Hals, Arm- und Fußgelenke gebunden. An-Oni steckte mit langen Holznadeln Amelies Haar zu einem turmähnlichen Gebilde auf und legte ihr lächelnd ein Lederband um den Hals, an dem mehrere kleine Schneckenhäuschen hingen. Sitoga färbte sich mit dem Pulver, das Amelie schon beim Gerben der Felle gesehen hatte, die Haare dunkelrot und malte sich wilde Muster aus schwarzen und roten Streifen ins Gesicht.

Draußen versammelten sich inzwischen die ›alten‹ Jäger: Venti war bereits da, ebenso Borud, Alon und noch einige andere, die Amelie nicht mit Namen kannte. Auch Sitoga gesellte sich zu ihnen. Von den ›neuen‹ Jägern war indessen nichts zu sehen.

Ussali führte die Gruppe der Erwachsenen zum Höhleneingang hinauf und sie knieten sich schweigend vor dem schweren Vorhang nieder.

Gespannte Stille senkte sich über das Lager. Selbst die Kinder tobten nicht mehr herum und Amelie ertappte sich dabei, dass sie aufgeregt An-Onis Hand drückte und wie die anderen erwartungsvoll zum Höhleneingang hinaufstarrte.

Als plötzlich wie aus dem Boden gewachsen der Schamane vor der Jägergruppe stand, schnappte sie vor Überraschung nach Luft. Sie hätte schwören können, dass sich der Vorhang vor der Höhle beim Erscheinen des Zauberers nicht bewegt hatte! Sie war erleichtert, dass sie nicht wie damals vor der Hirschjagd bei der Gruppe der Jäger war, sondern in sicherer Entfernung bei An-Oni stand.

»Was wollt ihr, sprecht!«, befahl der Schamane wie damals mit lauter Stimme und demselben mürrischen und verächtlichen Gesicht, das er offenbar immer zur Schau stellte.

»Mutige Männer und Frauen sind in unserem Lager herangewachsen«, beantwortete Ussali die rituelle Frage, »wir wollen sie in unsere Gemeinschaft der Jäger aufnehmen, damit sie durch ihr Können, ihren Mut und ihre Geschicklichkeit unser aller Überleben sichern.«

»So lasst uns denn sehen, ob wir in diesem Lager Männer und Frauen finden, die würdig und mutig genug sind, die Prüfungen zu bestehen«, sprach der Schamane feierlich. Er schritt ins Lager hinab. Die anderen sahen ihm gebannt zu. Vor dem ersten geschmückten Zelt blieb er stehen und rief laut: »Gibt es in diesem Zelt jemanden, der bereit ist, die Prüfungen abzulegen?«

»Ja«, kam es leise und zögerlich aus dem Inneren.

»So trete heraus!«

Angespannt trat ein junges Mädchen, fast noch ein Kind, aus dem Zelt. Nervös blieb es vor dem Schamanen stehen und hielt krampfhaft seinen Speer. »Das ist Senta. Meine Tochter Venti hat sie ausgebildet«, flüsterte An-Oni in Amelies Ohr.

Der Zauberer rollte übertrieben mit den Augen und blickte Senta von oben herab an. »Beantworte mir drei Fragen: Bist du bereit, unsere Gruppe jederzeit mit Nahrung zu versorgen, ohne Rücksicht auf dich selbst und immer zur Stelle zu sein, wenn sich jagdbares Wild zeigt?«

»Ich bin bereit«, antwortete sie fest.

»Bist du bereit, unsere Gruppe gegen alle Gefahren zu schützen und zu verteidigen und dabei auch Menschen zu töten, wenn der Rat es dir befiehlt?«

»Ich bin bereit.«

»Bist du auch bereit, dich selbst zu opfern und für unsere Gruppe zu sterben, wenn es notwendig ist?«

»Ich bin bereit«, Senta schluckte schwer.

»So sei es! Wir werden sehen, ob die Geister der Ahnen dich für würdig befinden.« Der Schamane wandte sich ab und zog weiter zum nächsten Zelt.

Der Vorgang wiederholte sich mehrmals und immer stellte der Zauberer dieselben Fragen. Aus Ussalis Zelt trat sein Sohn Rokai, der Junge, der mit Amelie zusammen einen Teil des erlegten Hirsches zum Lager zurückgetragen hatte. Sein Blick glitt unstet über die versammelte Menge. Als er Amelie bemerkte, senkte er rasch die Augen, aber sie hatte das Gefühl, dass er sich freute, sie zu sehen. Auch dem Schamanen blieb der kurze Blickkontakt nicht verborgen und sein Gesicht schien sich noch mehr zu verfinstern, falls das überhaupt möglich war.

Schließlich standen drei Jungen und Senta neben den selbstbewussten und prächtig geschmückten Jägern. Sie sahen recht verloren und verzagt aus. Trotz des kalten Windes waren sie nur mit einem Lendenschurz bekleidet.

Die Erwachsenen brachten die Jugendlichen nun auf eine freie Fläche vor dem Zeltlager. Die Zuschauer verteilten sich rechts und links auf die ansteigenden Hänge. Von dort hatten sie einen guten Überblick über das Geschehen. Auch An-Oni suchte mit Amelie einen erhöhten Platz auf und erklärte ihr die Vorbereitungen zur rituellen Jagd.

Unten vor dem Lager waren Sitoga und Venti zu erkennen, die Senta offensichtlich aufmunterten und ihr letzte Ratschläge erteilten. Alle

Prüflinge mussten sich schwere, mit Steinen gefüllte Taschen umhängen. Jeder erhielt eine lange Lederleine, die zu einer Art Lasso aufgerollt war.

Schließlich hielt Ussali noch eine kurze Ansprache, die aus der Entfernung nicht zu verstehen war. Dann begann die rituelle Jagd.

Die vier Prüflinge schwärmten aus und trabten im Laufschritt das Tal entlang. In der Ferne konnte Amelie einen ›Hirsch‹ mit einem großen Geweih ausmachen, der vor den jungen Jägern flüchtete. Der ›Hirsch‹ rannte dabei sehr menschlich aufrecht auf seinen Hinterbeinen. Das sah für Amelie ungeheuer komisch aus, aber keiner der Zuschauer lachte. Sie waren voll konzentriert und feuerten die Jugendlichen mit lauten Rufen an. An-Oni erklärte, dass jedes Jahr einer der erfahrenen Jäger als Hirsch verkleidet die Prüfung der Neu-Jäger abnahm. Mit allen Tricks und Finten würde er versuchen, seinen Häschern zu entkommen.

Die Jugendlichen mussten dagegen nach strengen Regeln den ›Hirsch‹ einfangen. Sie durften dabei nur ihren Körper und das Lederseil einsetzen und weder Speer noch andere Waffen verwenden.

In diesem Jahr war Borud der ›Hirsch‹.

Inzwischen hatte er eine Ansammlung großer Felsblöcke erreicht und verbarg sich dort. Nur hin und wieder tauchte sein Geweih über einem der niedrigeren Steine auf. Dort war er zwar vor einem Lassowurf sicher, aber die vier Jäger hatten die Felsen bereits eingekreist und pirschten sich von allen Seiten an ihre Beute heran. Darauf hatte Borud nur gewartet: Durch einen Spalt in den Blöcken sprang er heraus und versuchte, Abstand zwischen sich und seine Verfolger zu legen. Senta schnitt ihm zwar den Weg ab, aber Borud mit seinen Bärenkräften schob sie einfach zur Seite und rannte weiter.

Empörte Rufe waren von den Zuschauern zu vernehmen. Jedem war klar, dass dies das Ende des Gejagten gewesen wäre, hätte Senta ihren Speer verwenden dürfen. So aber war Borud durch seinen unfairen Stoß wieder frei und die Verfolgung begann von Neuem.

Im offenen Gelände sahen Rokai und einer der anderen Jungen ihre Chance. Gekonnt wirbelten sie ihre Lassos und rasten pfeilschnell auf einer Höhe mit Borud dahin. Der ›Hirsch‹ war dadurch in die Zange genommen. Er versuchte, durch noch schnelleren Lauf die Verfolger abzuschütteln.

Bevor die beiden Jäger, durch ihre schweren Taschen behindert, langsamer wurden, schossen sie ihre Lassos fast gleichzeitig zu Borud hinüber. Eines der Seile verfing sich im Geweih des ›Hirsches‹. Der Junge stemmte beide Beine fest in die Erde und wartete, bis das Seil sich straffte. Der gewaltige Ruck riss Boruds Kopf nach hinten und der Mann ging mit einem wütenden Aufschrei zu Boden. Die Zuschauer tobten begeistert.

Als die Jäger sich auf ihre Beute stürzen wollten, löste Borud das Geweih vom Kopf und stob in ausgreifenden Sprüngen erneut davon.

Die Menge klang enttäuscht und verärgert. Buhrufe wurden laut und alle blickten zu Ussali hinüber, der als Schiedsrichter das Geschehen aufmerksam verfolgte. Trotz der unfairen Finten von Borud schritt Ussali aber nicht ein.

Die vier Jäger rollten ihre Lassos auf und berieten sich kurz. Borud war in einem großen Bogen zu den Felsblöcken zurückgekehrt. Ohne die Last des Geweihs war er noch wendiger und schneller als zuvor.

Wieder schwärmten die Verfolger aus und kreisten die Felsblöcke ein. Diese hinderten aber nicht nur die Jäger daran, ihre Beute zu sehen – auch Borud konnte nicht erkennen, was draußen vorging: Rokai band sein Lasso an einer kleinen, zähen Kiefer fest und sauste mit dem freien Ende in der Hand geduckt zu Senta hinüber. Gerade noch rechtzeitig verbarg er sich im Gras, bevor der ›Hirsch‹ über die Felsen spähte.

Borud entschied sich erneut für einen Ausfall an der vermeintlich schwächsten Stelle der Angreifer: Er sprintete auf Senta zu, die ihm den Weg versperrte, und stieß sie grob zur Seite. Schon glaubten die Zuschauer, dass er auch diesmal wieder davonkommen würde, als der im Gras verborgene Junge sein Seil straffte. Borud – viel zu schnell, als dass er noch rechtzeitig hätte reagieren können – verfing sich darin. Er geriet ins Straucheln und stürzte zu Boden. Sofort waren Senta und Rokai über ihm und es entstand ein wildes Handgemenge. Bevor Borud die beiden Jäger abschütteln konnte, waren auch die anderen zur Stelle. Gemeinsam warfen sie sich auf ihn und fesselten geschickt den um sich Schlagenden.

Eigentlich wäre die Jagd damit zu Ende gewesen. Die Jugendlichen hatten ihre Aufgabe erfüllt und den ›Hirsch‹ gefangen genommen. Da Borud aber immer noch wütend an seinen Fesseln zerrte und gegen seine Verfolger wilde Verwünschungen ausstieß, statt sich endlich geschlagen zu geben, trieben die neuen Jäger das Spiel noch etwas weiter. Senta brachte eine lange stabile Holzstange, die sie durch Boruds Hand- und Fußfesseln schoben. Unter den johlenden Begeisterungsstürmen der Zuschauer trugen sie den Mann, der hilflos an der Stange baumelte, zum Lager und legten ihn dort Ussali zu Füßen, der sichtlich große Mühe hatte, nicht ebenfalls in das allgemeine Gelächter einzustimmen.

Die erste der Prüfungen hatten damit alle neuen Jäger bestanden. Zeit zum Ausruhen blieb ihnen aber nicht. Jetzt waren Geschicklichkeitsprüfungen an der Reihe. Aus vollem Lauf mussten Speere in vorbereitete Ziele geschleudert, mit dem Lasso aufgestellte Holzstangen ›eingefangen‹ und die Steine aus den umgehängten Taschen zu Weit- und Zielwürfen verwendet werden. Bald hatte sich die Gruppe der neuen Jäger und ihrer Prüfer weit vom Lager entfernt und für die Zuschauer gab es nicht mehr viel zu sehen. Fröhlich schwatzend fanden sie sich an den Feuerstellen ein.

Es dämmerte bereits und die letzten Vorbereitungen für das große Fest waren in vollem Gang. An-Oni teilte Amelie so viele Arbeiten zu, dass diese nicht mehr wusste, wo ihr der Kopf stand. Mit heißen Steinen wurde Wasser in verschiedenen Kochmulden erhitzt, Fleisch in handliche Stücke geschnitten, Kräuter und Gewürze gewaschen und zerkleinert. Alle liefen geschäftig durcheinander. Hier fehlte noch Brennholz, dort krabbelte ein kleines Kind zu nahe ans Feuer, jemand brauchte Hilfe beim Tragen einer Hirschkeule. In welchem Topf sollten die getrockneten Früchte eingeweicht werden? Das Chaos erreichte seinen Höhepunkt, als ein Wächterruf die Rückkehr der Jäger ankündigte.

Endlich war alles vorbereitet und mit großem Hallo und viel Anerkennung wurden die erschöpften Jugendlichen begrüßt. Amelie hatte erwartet, dass sich alle sofort auf das Festmahl stürzen würden, aber stattdessen wurden die neuen Jäger vor den Höhleneingang geführt und erhielten von An-Oni nur eine Schale mit Wasser und eine Handvoll getrockneter Beeren gereicht. Schweigend verzehrten die vier ihr karges Mahl.

Die anderen dagegen kehrten zu den Feuern im Lager zurück, und jetzt begann endlich der Festschmaus. Sitoga und Ussali setzten sich zu Amelie und bedienten sich von den vorbereiteten Speisen. Sie konnte nur staunen, welche riesigen Mengen die Menschen um sie herum vertilgten. Sie selbst war nach einem knusprig gegrillten Fisch, einem Stück von einer Schneehuhnkeule und einer kräftigen Suppe aus Knochenmark schon mehr als satt.

Nach einiger Zeit waren die Feuer zu Glut heruntergebrannt, und alle saßen und lagen satt und träge auf ihren Fellen. Sitoga rülpste laut und ungeniert und ließ sich zufrieden aufseufzend zurücksinken.

Nur kurze Zeit später sprang Ussali aber schon wieder auf, klatschte in die Hände und rief: »Auf, ihr Faulpelze! Wollt ihr etwa schon schlafen?«

Er zog eine aus einem Knochen geschnitzte Flöte aus seiner Tasche und begann, eine flotte, aufpeitschende Melodie zu spielen. Neues Holz wurde auf die heruntergebrannten Kochfeuer gelegt, und lachend, als hätten sie nur darauf gewartet, erhoben sich die Leute von ihren Lagern und begannen, wie wild zu stampfen und im Takt der Musik Arme und

Beine herumzuschlenkern. Zunächst tanzte jeder für sich, aber schon bald bildeten sich Paare und dann kleinere Gruppen, die sich immer besser aufeinander abgestimmt bewegten. Schließlich wogte die ganze Menschenmenge im Takt der wilden Rhythmen von Ussalis Flöte. Der Tanz war ansteckend. Auch Amelie hielt es nicht mehr auf ihrem Platz. Gemeinsam mit Sitoga stürzte sie sich in die Menge und ließ sich davontragen.

Immer schneller spielte Ussali, immer wilder tanzte die Gruppe. Die Menschen begannen, schrille Schreie und Tierlaute auszustoßen. Die Füße stampften Trommelwirbel auf den Boden.

Amelie wurde schwindlig. Die Funken der Feuer vermischten sich mit den Sternen am Himmel, und selbst die Büsche und Felsen schienen mitzutanzen. Sie fühlte sich gleichzeitig berauscht und hellwach, als wären ihre Sinne unendlich wahrnehmungsfähig geworden. Sitoga heulte neben ihr lang gezogen wie ein Wolf, die Augen in Trance verdreht, bis nur noch das Weiße sichtbar war. Amelie spürte, wie sie mit den Leuten des Lagers verschmolz. Die Tanzenden waren zu einem einzigen Wesen geworden, das wuchs und immer mehr Leben mit einschloss.

Sie fühlte die heißen Flammenzungen des Feuers als einen Teil von sich selbst.

Sie erkannte das langsame, Äonen dauernde Wachsen der Felsen und den ewigen Kreislauf der Jahreszeiten in den Bäumen und Gräsern.

Sie nahm die feinen Gerüche wahr, die das Luchsweibchen erschnüffelte, das aus dem Schutz der Dunkelheit zu den tanzenden Menschen herüberspähte.

Sie war die Maus, die ihre Erdgänge noch tiefer grub.

Die Eule, die hungrig im Nachtwind jagte.

Sie spürte in sich das zähe Fließen der gewaltigen Gletscher, die die späteren Landschaften formten.

Das kalte Licht der Sterne erstrahlte in ihr und sie vernahm den alles umfassenden Klang des Weltalls.

Plötzlich unterbrach ein gewaltiger Donnerschlag den Rausch der Tanzenden. Erstarrt blieben sie stehen und blickten zum Höhleneingang empor, vor dem sich ein Höhlenbär auf die Hinterbeine erhoben hatte und sein unheimliches Raubtiergebrüll ausstieß. Riesenhaft sah er aus. Die Lagerfeuer warfen seinen Schatten vergrößernd an den Vorhang des Eingangs. Rauch und heißer Dampf quollen aus seiner aufgerissenen Schnauze, und bedrohlich näherte er sich den immer noch vor der Höhle sitzenden vier Jugendlichen. Diese ließen sich nicht anmerken, dass sie den Bären hinter sich wahrgenommen hatten. Mit stoischer Miene blickten sie über das Lager unter sich und drehten sich auch nicht um, als der Bär vortrat und sich gefährlich über sie beugte. Nun konnte Amelie sehen, dass der ›Bär‹ einen prächtigen, mit Federn und bunten Bändern verzierten Stab in der Hand hielt und damit nacheinander die Köpfe der zu seinen Füßen Sitzenden berührte.

»Die Menschen haben euch zu Jägern ausgebildet«, erklang dabei die Stimme des Schamanen dumpf aus dem Bärenschädel. »Sie haben euer Geschick und eure Fähigkeiten geprüft. Nun müsst ihr den Ahnen euren Mut und eure innere Stärke beweisen. Jeder für sich, ohne gegenseitige Hilfe, ohne Unterstützung von anderen.« Er richtete sich auf und sprach zu den Leuten im Lager: »Diese vier Kinder müssen nun sterben, wie es von Anbeginn der Zeiten festgelegt ist. Mögen die Geister unsere Opfer annehmen, sie führen und leiten und ihnen gewähren, als Erwachsene wiederzukehren, damit die Gruppe mit neuen Frauen und Männern gestärkt wird!«

Der Zauberer mit seinem Höhlenbärenschädel trat in den Schatten zurück. Der Vorhang bewegte sich und zwei Männer trugen ein Holzgestell heraus, auf dem Che'Gwoia saß, die Beine untergeschlagen und sich langsam vor- und zurückwiegend. Die Menschen sanken ehrfürchtig auf die Knie und verneigten sich vor der uralten heiligen Frau. Ob diese überhaupt bemerkte, was um sie herum geschah, ließ sich nicht erkennen. Die blinden Augen rollten unkontrolliert in alle Richtungen. Die Männer setzten sie vorsichtig vor den Jugendlichen ab und zogen sich leise zurück.

Zunächst passierte gar nichts. Die Vier saßen starr vor Che'Gwoia. Nur die Schweißperlen auf ihren Stirnen verrieten ihre Anspannung. Die Menge wartete unruhig.

Endlich begann die weise Frau, einen leisen Ton zu summen. Ihr Gesicht reckte sich zum Himmel empor. Sie verharrte abrupt, klaubte mit ihren verkrümmten Fingern fahrig ein paar Steinchen auf und warf sie einen nach dem anderen den Jugendlichen in den Schoß.

Nur bei Rokai hielt sie inne. Die Hand erstarrte mitten in der Bewegung und senkte sich schließlich. Das Summen brach ab und die alte Frau begann erneut, sich vor- und zurückzuwiegen.

Die Leute im Lager schwiegen. Rokai war kreidebleich geworden und seine Miene verriet Entsetzen. Gerne hätte Amelie gefragt, was das alles zu bedeuten hatte, aber die besorgten Gesichter von Sitoga und Ussali hielten sie davon ab.

Auf einen Wink des Zauberers kamen erneut die beiden Träger herbei, um Che'Gwoia in die Höhle zurückzubringen. Aber bevor sie bei der Alten angelangt waren, unterbrach diese ihre Schaukelei, zupfte ein paar Grashalme ab und warf sie Rokai in den Schoß.

Erleichtert seufzten die Leute auf.

Nachdem Che'Gwoia in die Höhle gebracht worden war, bildeten die Menschen einen großen Kreis um die Jugendlichen und stimmten einen langsamen, traurigen Singsang an. Worte konnte Amelie dabei nicht verstehen.

An-Oni kam hinter dem Vorhang hervor und reichte jedem der Vier eine Schale mit heiß dampfender Flüssigkeit. Hastig tranken sie die

Gefäße in einem Zug leer. »Das ist der heilige Trank, der die Kindheit beendet«, flüsterte Sitoga Amelie zu. Der Gesang schwoll an und erneut schienen alle auf etwas zu warten.

Zuerst brach Senta zusammen. Sie stieß einen schrillen Schrei aus und fiel nach hinten. Ihr ganzer Körper bedeckte sich mit dunklem Schweiß.

In der Menge hörte man Schluchzer und der Singsang wurde intensiver. Kurze Zeit später – fast gleichzeitig – fielen die beiden Jungen in Ohnmacht. Ohne einen Laut sanken sie um.

Noch mehr Menschen weinten.

Nur Rokai saß noch schwankend da, die Augen weit aufgerissen. Seine Hände begannen zu zittern. Plötzlich bäumte sein Körper sich auf und in einem Schwall erbrach er den heiligen Trank.

Die Menschen schrien.

Rokai begann, unkontrolliert um sich zu schlagen. Er keuchte und rang nach Luft. Schaum bildete sich vor seinem Mund und die Augen traten aus ihren Höhlen. Er schien zu ersticken.

Ussali und ein paar Jäger wollten zu ihm eilen, um ihm zu helfen, aber der Zauberer, immer noch den Bärenschädel auf dem Kopf, trat ihnen rasch in den Weg. »Die Geister bestimmen nun alles Weitere!«, brüllte er aufgebracht. »Wollt ihr ihr Urteil infrage stellen? Die Prüfung liegt jetzt nicht mehr in unserer Hand.«

Die Jäger zögerten. Amelie konnte die Qual in Ussalis Gesicht erkennen. Er war hin- und hergerissen zwischen dem übermächtigen Wunsch, seinem Sohn zu helfen und dem vom Zauberer geforderten Gehorsam gegenüber der Geisterwelt.

Schließlich warf Ussali in ohnmächtiger Verzweiflung die Arme in die Luft, machte kehrt und rannte schreiend in die Dunkelheit.

Rokai lag am Boden, die Beine in unnatürlichen Winkeln verdreht und mit den Händen seinen Hals umklammernd.

Keiner der vier rührte sich mehr.

Unter dem Trauergesang der Menge kamen die Eltern und Geschwister der Jugendlichen schluchzend und weinend herbei. Wie vor einer Beerdigung wuschen sie deren Gesichter, kämmten die Haare sorgfältig und deckten die Körper mit reich verzierten Lederbahnen liebevoll zu. Die Angehörigen knieten sich bei den Köpfen der vier nieder und nun kamen auch die anderen, um sich von den Jugendlichen zu verabschieden.

Amelie war entsetzt über die grausame Zeremonie, mit der die ›neuen Jäger‹ offenbar vergiftet worden waren. Verstört trat sie mit Sitoga ebenfalls vor, um von den Toten Abschied zu nehmen. Aus dem Augenwinkel nahm sie aber eine winzige Bewegung wahr, und als sie genauer hinsah, kam es ihr so vor, als ob sich die Lederbahn, mit der Senta zugedeckt war, ganz schwach hob und senkte. Anscheinend steckte doch noch Leben in ihr. Waren die vier vielleicht nur bewusstlos?

Endlich war die Zeremonie zu Ende. Die Leute verschwanden nach und nach in ihren Zelten. Nur die Familien der vier Jugendlichen wachten noch oben vor der großen Höhle.

Amelie platzte fast vor lauter Fragen, als sie und Sitoga ihr Zelt erreicht hatten: Waren die vier wirklich tot? Warum durften Ussali und die anderen Rokai nicht helfen? Wie konnte An-Oni bloß so kaltblütig sein, den neuen Jägern eine vergiftete Flüssigkeit zu reichen? Warum waren die Menschen so entsetzt, als Rokai keine Steinchen von Che'Gwoia zugeworfen bekam?

Sitoga betrachtete ihre aufgewühlte Freundin nachdenklich und entgegnete: »Wie feiert ihr denn bei euch den Übergang vom Kindes- zum Erwachsenenalter? Was gibt es in deiner Welt für Rituale, wenn ein Jugendlicher erwachsen wird?«

»Nun, das ist ganz einfach«, begann Amelie aufgebracht, »bei uns …, hm …«

Sie verstummte.

Sie hatte schon lange nicht mehr an ihr Zuhause gedacht und jetzt fiel ihr einfach keine Antwort auf Sitogas Frage ein. Gut, mit 18 konnte man in ihrer Welt den Führerschein erwerben und durfte sich selbst Entschuldigungen für die Schule schreiben. Aber das waren ja keine Feste!

Religiöse Feiern fielen ihr ein: die Erstkommunion und die Firmung der Katholiken, die Konfirmation der Protestanten. Die Bar Mitzwa und Bat Mitzwa der Juden. Das ging wohl so etwa in diese Richtung. Aber hatte das wirklich die Bedeutung von Erwachsenwerden?

Sitoga bemerkte Amelies Verwirrung und so erklärte sie: »Die jungen Jäger müssen sterben, damit sie als Erwachsene wiedergeboren werden können – genauso, wie die Alten sterben müssen, damit sie in die andere Welt hinübergehen und irgendwann wieder auf diese Welt zurückkehren können. Das ist der ewige Kreislauf.

Bis zur Wiedergeburt als Erwachsene müssen die Jugendlichen die Traumwelt durchwandern, mit den Ahnen in Verbindung treten und ihr Tierzeichen finden.

Die Geister suchen sich dabei selbst die Jugendlichen aus, die sie führen wollen. Sie sprechen durch Che'Gwoia und zeigen uns durch sie, welche jungen Männer und Frauen sie ausgewählt haben. Hätte Rokai nicht doch noch die Zeichen erhalten, hätte das bedeutet, dass die Geister ihn zurückweisen und für unwürdig halten. Wahrscheinlich hätte er dann für immer das Lager verlassen müssen.

Nur die Auserwählten bekommen den Traum-Trank gereicht, den meine Mutter aus bestimmten Pflanzen und Pilzen zubereitet. Dadurch sterben sie natürlich nicht wirklich, sondern fallen in einen sehr tiefen Schlaf. Die Jugendlichen gelten nun aber für alle als tot und werden von den Angehörigen so betrauert, als wären sie gestorben. Und es ist ja tatsächlich so, dass die Eltern ihr Kind nun verloren haben. Wenn es als

Erwachsener zurückkommt, wird es selbst bestimmen, wie und wo es leben will und muss sich um seinen Unterhalt selbstständig kümmern.

Heute Nacht werden die vier sich aus dem Lager zurückziehen. Jeder muss für sich allein einen abgelegenen Platz finden, an dem er die nächsten Tage und Nächte verbringen wird, auf den Traumpfaden wandert und sein Tierzeichen sucht. Er darf dabei mit keinem Menschen sprechen, nicht essen, nicht schlafen und kein Feuer anzünden. Wenn er dazu bereit ist, kommt er als Erwachsener wieder ins Lager zurück.«

»Aber ist das nicht sehr gefährlich?«, fragte Amelie, die mit den Gefahren des Alltags inzwischen vertraut war und genau wusste, wozu Höhlenbären oder ein Rudel Wölfe in der Lage waren, wenn sie auf einen einzelnen Menschen ohne den Schutz der Gruppe oder eines Feuers trafen.

Sitoga zuckte mit den Schultern. »Auch nicht schlimmer, als alleine Beeren zu sammeln oder jagen zu gehen. Unfälle können immer vorkommen. Und die Einsamkeit mit Hunger und Kälte ist notwendig, um mit sich selbst ins Reine und mit den Geistern in Kontakt zu kommen.«

Amelie wollte sich lieber nicht vorstellen, wie es wäre, ein paar Tage allein in der Wildnis überleben zu müssen …

»Hast du das auch gemacht?«, fragte sie stattdessen.

»Ja natürlich, sonst wäre ich heute wohl kaum Sitoga, die Jägerin. Besonders schwierig fand ich, wach zu bleiben und das lange Warten darauf, bis die Geister zu mir sprachen.«

Die beiden Mädchen redeten noch bis tief in die Nacht über die verschiedenen Rituale und Feste.

Dreizehn

Am nächsten Morgen waren die vier Jugendlichen verschwunden. Nur die verzierten Lederbahnen, mit denen sie am Abend zuvor von ihren Angehörigen zugedeckt worden waren, lagen noch vor der großen Höhle.

Im Lager nahm der Alltag wieder seinen gewohnten mühseligen Gang. Amelie ertrug die schweren Arbeiten inzwischen schon wesentlich besser, aber immer noch waren die Menschen um sie herum ihr gegenüber misstrauisch und zuweilen sogar feindselig. Sie freute sich immer, wenn An-Oni ihr auftrug, sich im Zelt um Uri zu kümmern, der nun schon genauso oft nach ihr verlangte, wie nach seiner Mutter. Innerhalb der schützenden Zeltwände fühlte sie sich geborgen und war vor dem Getuschel und den Blicken der Menschen geschützt.

Senta war die Erste, die nach fünf Tagen zurückkam. Man sah ihr die Entbehrungen deutlich an. Abgemagert und bleich wankte sie ins Lager. Vor Müdigkeit waren ihre Augen tief eingesunken. Aber sie strahlte eine fast königliche Würde aus. Alles Kindliche war von ihr abgefallen.

Die stürmische Begrüßung ihrer jüngeren Geschwister und die Freudentränen ihrer Mutter ließ sie gleichmütig über sich ergehen. Sie schritt durchs Lager bis zum Zelt des Schamanen.

»Wer bist du und was willst du?«, stellte dieser die vorgesehenen rituellen Fragen und baute sich vor ihr auf. Die neue Jägerin sah ihm fest in die Augen und wich keinen Schritt zurück. »Ich bin Senta, die Luchsfrau«, sprach sie deutlich und selbstsicher. »Ich bin gekommen, um meinen Platz unter den Jägern einzunehmen und mein eigenes Zelt zu errichten, wie es mir bestimmt ist.«

Der Schamane musterte sie prüfend. Dann wandte er mürrisch den Blick ab, nickte knapp und verschwand.

Hinter den letzten Behausungen des Lagers hatten ein paar der Jäger bereits begonnen, ein kleines, nagelneues Zelt für Senta aufzubauen, da sie verkündet hatte, als Erwachsene nicht mehr bei ihren Eltern leben zu wollen. Ussali trat mit sorgenvoller Miene hinzu und fragte sie: »Hast du Rokai gesehen? Geht es ihm gut?« Sie schüttelte den Kopf und zuckte wortlos mit den Schultern.

Seit der Traum-Trank Rokai fast umgebracht hatte, war Ussali vor Sorge wie verwandelt. Er schlich unruhig durchs Lager und mied die anderen. Abends sah man ihn als Umriss gegen den leeren Himmel auf einem der Hügel stehen, wo er Ausschau hielt. Seine ansteckende Fröhlichkeit war verflogen und die gutmütigen Witzeleien verstummt. Ahnte er, dass seinem Sohn etwas Schreckliches zugestoßen war?

Am nächsten Tag kamen kurz nacheinander die beiden anderen neuen Jäger zurück. Sie wurden wie Senta vom Schamanen im Kreis der Erwachsenen aufgenommen, aber auch sie wussten nichts über ihren Kameraden.

Zwei Tage später trat der Weise Rat zusammen und erklärte Rokai endgültig für tot. So lange konnte niemand außerhalb des Lagers überleben, allein, ohne Nahrung und Feuer.

Die Suche nach Ussalis Sohn blieb verboten – schließlich hatte es den Ahnen gefallen, Rokai in der Traumwelt zu behalten. Die Menschen durften sich nicht in die Belange der Geisterwelt einmischen, hatte der Schamane entschieden. Ussali war wie von Sinnen vor Schmerz. Meist lief er ruhelos durch die Gegend und fing mit jedem Streit an, der ihm in die Quere kam. Die Menschen waren betroffen von Rokais Schicksal und hatten Mitleid mit seinem Vater. Aber niemand vermochte Ussali zu trösten.

Der Weise Rat hatte noch eine weitere Entscheidung getroffen. Man erwartete jetzt täglich die Ankunft anderer Gruppen, die sich an der gemeinsamen Herbstjagd beteiligen würden. Da die ›Leute vom Großen Fels‹ in diesem Jahr als Erste am vereinbarten Lagerplatz angekommen waren, hatten sie sich als Gastgeber um ausreichend Nahrung für alle Gruppen zu kümmern. Sitoga, ihre Schwester Venti sowie Senta und einer der neuen Jäger erhielten den Auftrag, Wild im Süden aufzuspüren, um anschließend eine Jagdgruppe dorthin zu führen.

Sitoga war stolz darauf, dass sie die Kundschafter anführen sollte und redete von nichts anderem, während sie ihre Waffen kontrollierte und ihre Schlafdecken zusammenpackte. Der Erkundungsgang würde sicher einige Tage dauern.

Amelie freute sich zwar für ihre Freundin, dass diese eine so wichtige und verantwortungsvolle Aufgabe übertragen bekommen hatte. Aber sie fühlte sich gar nicht wohl bei dem Gedanken, allein bei den Menschen im Lager zurückzubleiben. Sitoga spürte ihre Angst und versuchte, sie zu beruhigen: »Meine Mutter ist ja da und wird sich um dich kümmern. Ussali hat ebenfalls immer zu dir gehalten und wird seine Trauer bestimmt bald überwinden. Außerdem sind wir ja nur ein paar Tage fort.«

Vierzehn

Am nächsten Tag brach das Unheil über Amelie herein.

Sie war gerade dabei, gegerbte und getrocknete Tierhäute durch Einfetten geschmeidig zu machen, als sie aus dem Augenwinkel eine Bewegung wahrnahm. Sie erschrak, als der Schamane zwischen den Zelten hervortrat. Hinter ihm versammelten sich die Menschen des Lagers. In seiner Hand hielt er den reich verzierten Stab, den er bei sich trug, seit er als Höhlenbär verkleidet die Jugendlichen auf ihre Prüfung vorbereitet hatte. Er wedelte damit beschwörend vor ihr herum. Sein Gesicht und der nackte Oberkörper waren über und über mit schwarzen und weißen Streifen bemalt.

Amelie richtete sich langsam auf und wich ängstlich ein paar Schritte zurück, bis sie das Zelt in ihrem Rücken spürte.

Ihr Blick flog über die feindselige Menge, ob sie darin nicht An-Oni oder Ussali entdecken konnte. Siedend heiß fiel ihr ein, dass sich Sitogas Mutter mit Akira am Morgen aufgemacht hatte, um die Kräutervorräte zu ergänzen.

Ein Ledersack wurde ihr vor die Füße geworfen, und sie erkannte entsetzt, dass ihre Jeans und die leuchtend rote Fleece-Jacke daraus hervorlugten.

»Ich habe von Anfang an gewusst, dass du mit den dunklen Mächten im Bunde bist«, stieß der Zauberer drohend hervor. »Hier haben wir den Beweis. Du bist nicht, wie seinerzeit behauptet, mit deinen Leuten übers große Eis gekommen. Du bist als böser Dämon direkt der jenseitigen Welt entsprungen. Diese Gegenstände gehören in die Geisterwelt, und du hast sie von dort mitgebracht, um uns zu vernichten.«

»Aber das sind doch nur Kleidungsstücke …«, machte Amelie den verzweifelten Versuch, sich zu verteidigen.

»Schweig, Dämon!«, brüllte jemand aus der Menge mit überschnappender Stimme. Überrascht stellte sie fest, dass es sich um Ussali handelte. War er ebenfalls ihr Gegner? Was hatte sie getan, dass Sitogas väterlicher Freund sie derart beschimpfte? Sie erhielt die Antwort umgehend. Sein sonst so gutmütiges Gesicht war durch Trauer und Hass zu einer Fratze verzerrt. Wahnsinn blitzte aus seinen Augen. Mit dem ausgestreckten Zeigefinger wies er auf sie. »Rokai hat deine Zauberdinge vor dem Lager gefunden und in mein Zelt gebracht. Er hat sie berührt. Und nun ist er tot! Das ist allein deine Schuld!«, heulte er. Die Menge tuschelte aufgebracht und stieß Verwünschungen gegen sie aus.

Amelie glaubte, sich auf der Stelle übergeben zu müssen. Fieberhaft überlegte sie, wie sie den Menschen erklären konnte, dass dies alles nur ein Missverständnis war.

»Bindet den Dämon!«, befahl der Schamane. Borud, der seine Genugtuung kaum verbergen konnte, trat hervor und stieß sie grob zu Boden. Rücksichtslos bog er ihr die Hände auf den Rücken und fesselte sie. Eine Welle der Panik erfasste sie. Was würde nun mit ihr geschehen? Wollte ihr denn gar niemand helfen?

Sie wurde in die Mitte des Lagers gezerrt. Vor dem größten Feuer machte die Menge Halt. »Verbrennt den Dämon, tötet ihn!«, erschollen einzelne Rufe.

»Der Weise Rat hat bereits entschieden, was geschehen soll«, dröhnte der Schamane, der seine Macht und die Ehrfurcht der Menschen sichtlich genoss. »Die Zauberdinge werden der Geisterwelt zurückgegeben. Mögen die Ahnen uns dann wieder gewogen sein!« Unter magischen Beschwörungsformeln und beeindruckenden Verrenkungen schob er den Kleidersack zum Feuer – so vorsichtig, als befänden sich Giftschlangen darin. Mit einem Aufschrei stieß er den Sack schließlich mitten in die Flammen. Die Leute wichen hastig zurück.

Traurig musste Amelie zusehen, wie die Dinge aus ihrer Welt verbrannten. Ihre Turnschuhe hielten am längsten stand. Als alles zu einem hässlichen schwarzen Klumpen verkohlt war, wandte sich der Schamane erneut an die Menge.

»Jetzt, nachdem seine Zaubergeräte vernichtet sind, hat der Dämon keine Macht mehr über uns. Wir können ihn selbst aber nicht töten«, sprach er mit Bedauern in der Stimme. »Wenn wir ihn dem Feuer überantworten, befreien wir ihn lediglich aus seiner leiblichen Hülle, und er wird sich fürchterlich an uns rächen.« Ängstlich starrten die Leute ihren Zauberer an. »Aber sterben soll er, wenn auch nicht durch unsere Hand«, fauchte er und wandte sich zu Amelie. »Der Rat hat entschieden, dass der Dämon aus dem Lager wegzubringen ist. Borud und Alon, unsere mutigen Jäger, haben sich bereit erklärt, ihn weit nach Norden zu bringen. Möge er dort zugrunde gehen und für immer im großen Eis gefangen bleiben.«

Amelie fuhr erneut Panik in die Glieder. War das ihr Ende? Wie sollte sie als Ausgestoßene in der Wildnis überleben?

Sie suchte noch einmal in der Menge nach einem freundlichen Gesicht. Würde irgendjemand sie vermissen? Sitoga natürlich, ebenso An-Oni und der kleine Uri, aber die waren weit weg. Rokai war tot. Che'Gwoia? Die heilige Mutter lebte in ihrer eigenen Welt der Entrückung und der Zwiesprache mit den Geisterwesen. Sie würde ihr Verschwinden vermutlich nicht einmal bemerken.

Die anderen standen wie eine Mauer vor ihr. Viele waren ihr inzwischen vertraut geworden, auch wenn keine wirklichen Freundschaften entstanden waren. Der alte gebeugte Tarik betrachtete sie traurig. Der einst so freundliche Ussali starrte sie feindselig aus tränenblinden Augen an. Die Menschen zeigten versteinerte Gesichter. Bei keinem konnte sie Mitgefühl erkennen.

Borud trat zu ihr, gefolgt von dem unterwürfigen Alon. »Der Schamane hat gesprochen. So möge es geschehen!«, tönte er überheblich und packte das Seil, mit dem er Amelie zuvor gefesselt hatte. Die Menge teilte sich und bildete eine Gasse, durch die die beiden ihre Gefangene nun vorwärtsstießen. Sie verließen das Lager in Richtung der großen Gletscher, wie der Weise Rat es verlangt hatte.

Fünfzehn

»Kalt!«, war ihr erster halbwegs bewusster Gedanke.

Sofort kamen die Schmerzen. Alle Muskeln und Sehnen in ihr brüllten gleichzeitig los. Ihr Kopf schien auseinander zu fliegen. Grelle Blitze schossen durch ihre geschlossenen Augen.

»Bleib liegen – bloß nicht bewegen«, befahl sie sich.

Die Zeit verrann.

Undeutlich nahm sie nach und nach ein wenig mehr von ihrer Umwelt wahr. Der Stein, der sich in ihren Rücken bohrte. Etwas schnitt ihr tief in die Handgelenke. Die Luft roch nach Schnee und Eis.

Eis.

Das Wort blitzte in ihrem Kopf auf und drang durch dichten Nebel in ihr Bewusstsein.

Eis.

Was hatte das für eine Bedeutung?

Müdigkeit rollte wie eine Woge über sie hinweg. Eine angenehme Schwere machte sich breit. Die Schmerzen schienen in den harten Boden einzusickern, auf dem sie lag.

»Schlafen …«, dachte fast wohlig ihr Bewusstsein.

»Eis!«, widersprach vehement ihr Unterbewusstsein.

Was war damit? Warum versetzte dieses Wort ihr träges Gehirn in einen Alarmzustand?

Stöhnend versuchte sie, ein Auge zu öffnen. Unscharfe Flecken verschiedener Helligkeit konnte sie wahrnehmen. Ganz langsam klärte sich ihr Blick. Glatte Steine, einzelne Grashalme waren zu unterscheiden. Ein Käfer krabbelte aus ihrem Blickfeld.

Ein winziges lila Blümchen lugte um einen Geröllbrocken zu ihr herüber und versteckte sich sofort wieder dahinter. Guckte wieder, verschwand. Das sah lustig aus. Amelie musste lachen.

Ihr Lachen endete abrupt in einem wüsten Hustenanfall. Ihr Körper bäumte sich auf und unerträgliche Schmerzen pochten in ihrem Inneren. Gnädig deckte leere Bewusstlosigkeit sie wieder zu.

Als sie das nächste Mal erwachte, bewegte der Wind immer noch das kleine Blümchen vor ihrem Gesicht. Sie spürte, dass sie noch schwächer geworden war. Sie würde sterben, wenn sie nicht sofort etwas unternahm. Sie hob den Kopf und schaffte es, sich ganz langsam aufzusetzen. Ihre Hände blieben hinter ihrem Rücken hängen. Verblüfft erkannte sie, dass ihre Handgelenke gefesselt waren.

Jetzt zerriss etwas in ihr und die Erinnerungen stürmten in einer wahren Flut auf sie ein:

Das Lager.

Die Verurteilung als Dämon.

Die grausame Verschleppung durch Borud und Alon.

An den langen Weg konnte sie sich dagegen kaum erinnern. Die beiden hatten sie nicht geschont. An den Händen gefesselt war sie hinter ihren Peinigern hergestolpert. Wenn sie erschöpft zusammengebrochen war, wurde sie gnadenlos weitergezerrt. Abends ließ Borud sie einfach auf dem harten Boden liegen, während er mit Alon ein Feuer entfachte und nur für sie beide ein Lager herrichtete. Amelie bekam nichts zu essen. Aus Angst vor ihren vermeintlichen Zauberkräften hatten Alon und Borud sie nicht angerührt und ihre Hände ständig gefesselt gelassen.

Sie war so erschöpft, dass sie darum gebeten hatte, sterben zu dürfen. Doch das hatte Borud nicht zugelassen. Hämisch hatte er erklärt, dass er mit Alon den Auftrag habe, sie zum großen Eis zu bringen. Dort sei es dann gleichgültig, was mit ihr geschehe. Falls sie jedoch vorher sterben sollte, müssten sie ihren Leichnam dorthin tragen – und das wollte er um jeden Preis verhindern. So hatte sie regelmäßig etwas Wasser bekommen und nachts ein hartes schmutziges Fell als Decke, damit sie nicht erfror.

Wo waren ihre Peiniger jetzt? Gehetzt blickte Amelie sich um. Sie konnte im Sitzen nicht viel sehen. Sie versuchte, aufzustehen, aber die Beine gaben unter ihr nach und sie fiel wieder hin. Also wartete sie einfach ab.

Als die Nacht heraufzog, wartete sie immer noch, und nun erkannte sie, dass sie allein war.

Mutterseelenallein.

Das ganze Ausmaß ihres Elends wurde ihr bewusst. Borud und Alon waren längst wieder auf dem Weg zurück ins Lager. Sie hatten sie hier in der Wildnis ausgesetzt, wo sie sterben sollte. Sie war geschwächt, ihre Hände waren gefesselt und sie hatte weder genug Kleidung, um sich vor dem Wetter zu schützen, noch irgendwelche Waffen oder ein Feuer, um sich gegen wilde Tiere zu verteidigen.

Verzweifelt starrte sie in die zunehmende Dunkelheit und zitterte vor Kälte, Angst und Hunger.

Das Holzpferdchen fiel ihr ein. War es noch da? Sie streckte mehrmals ruckartig ihren Oberkörper und hoffte, so das Gewicht des Pferdchens oder wenigstens das Lederband an ihrem Hals zu spüren. Doch vergebens. Hatte Borud es ihr weggenommen? Sie konnte sich nicht erinnern. Mühsam rutschte sie zu einem Stein und versuchte, sich so hinzusetzen, dass sie ihre Handfesseln daran durchscheuern konnte.

Aber der Stein rutschte weg und war zu glatt, um damit etwas ausrichten zu können. Im schwindenden Licht entdeckte sie einen großen Felsbrocken in ein paar Metern Entfernung. Es kam ihr wie Stunden vor, bis sie ihn endlich, auf den Knien rutschend, erreicht hatte. Erschöpft blieb sie davor liegen und versuchte, zu Atem zu kommen. Der Fels war rau und scharfkantig, wie sie erleichtert feststellte. Aber das Durchscheuern der Lederfesseln war schwieriger, als sie erwartet hatte. Ständig rutschte sie ab und schnitt sich schmerzhaft in die Haut. Immer wieder wurde ihr schwindlig, und sie musste innehalten.

Die Kälte spürte sie nun nicht mehr. Stattdessen glühte ihr ganzer Körper im Fieber. Mehrfach wurde sie ohnmächtig vor Schwäche. Aber mit einer letzten Anstrengung hatte sie es schließlich geschafft. Die Lederschnüre gaben nach und ihre zerschundenen Hände waren frei.

Das Pferdchen war noch da!

Dankbar umklammerte sie es, bevor sie erneut in tiefer Bewusstlosigkeit versank.

Sechzehn

Voller Angst beugte sich Sitoga über Amelie. Sie spürte ein leises Flattern an der Halsschlagader und erkannte erleichtert, dass ihr Herz gerade noch schlug. Sie fand die tief eingeschnittenen Wunden, wo die Fesseln sich in die Handgelenke eingegraben hatten und knirschte in hilfloser Wut mit den Zähnen. Was hatte Borud ihrer Freundin noch alles angetan?

Sie musste Amelie schnellstens von hier wegbringen. Weg aus dem öden Geröllfeld, das keinerlei Schutz bot und fort von den gewaltigen Gletschern, von denen eiskalte Luftmassen herabströmten. Mit verbissener Anstrengung wuchtete sie den Körper ihrer Freundin auf den Felsen, vor dem sie gelegen hatte.

Von dort konnte sie das bewusstlose Mädchen auf ihre Schultern ziehen. Sie packte Amelie quer, wie sie ein erlegtes Wild tragen würde: Einen Arm und ein Bein zog sie nach vorne auf ihre Brust herab. Der restliche Körper hing dadurch einigermaßen sicher auf Schultern und Rücken. Der Kopf kam direkt neben ihrem Ohr zu liegen, sodass sie an den leisen Geräuschen erkennen konnte, ob Amelie noch atmete. Die beiden Mädchen waren etwa gleich groß und Sitoga brach unter dem Gewicht ihrer Freundin fast zusammen. Stöhnend setzte sie einen Fuß vor den anderen und hoffte, dass sie in dem weiten unwegsamen Geröllfeld nicht das Gleichgewicht verlieren würde. Ohne Hilfe könnte sie sich die Freundin dort nicht wieder aufladen.

Nun spürte sie auch die fiebrige Hitze, die von dem scheinbar leblosen Körper ausging. Besorgt versuchte sie, schneller zu gehen. Schritt für Schritt kämpfte sie sich voran. Schließlich hatte sie einen großen Felsen erreicht, in dessen Windschatten ein paar verkrüppelte Kiefern wuchsen. Erleichtert sank sie auf die Knie und ließ Amelie behutsam zu Boden gleiten. Das würde als Lagerplatz erst einmal ausreichen müssen. Sie gönnte sich eine kurze Verschnaufpause und vergewisserte sich, dass die Freundin warm in ein Fell eingewickelt war, bevor sie zurückeilte, um ihr Bündel zu holen.

Bald loderte ein lang gestrecktes Feuer, dessen Wärme von der Felswand hinter dem kleinen Lagerplatz zurückgestrahlt wurde. Bis die Steine heiß genug waren, um Wasser in einer Kochmulde zu erhitzen, versuchte sie, Amelie etwas zu trinken einzuflößen. Sie erreichte aber nur, dass diese sich in ihrer Bewusstlosigkeit verschluckte und die Flüssigkeit unter Krämpfen wieder erbrach.

Als das Wasser endlich heiß war, legte sie Streifen von frischer Weidenrinde hinein und ließ sie ziehen. Gerade wollte sie die Kranke wieder zum Trinken bringen, als Amelie hustend die Augen öffnete. »Sitoga«, stöhnte sie schwach und brachte fast so etwas wie ein Lächeln zustande, »du bist da.«

»Du musst das trinken!«, drängte die Freundin. »Das wird das Fieber senken und deine Schmerzen erträglicher machen.«

Tapfer würgte Amelie ein paar Schlucke des bitteren Suds hinunter, bevor sie erschöpft zurücksank und erneut die Augen schloss.

Die Dämmerung setzte ein und Sitoga klaubte noch ein paar Arme voll Holz zusammen, damit das Feuer nicht ausging. Mit beginnender Dunkelheit verstärkten sich die kalten Fallwinde und schließlich heulte ein kräftiger Sturm um ihr kleines Lager. Im Windschatten des Felsens ließ es sich einigermaßen aushalten. Es war sogar fast behaglich, da die Steinwand die Wärme des Feuers reflektierte und so ein recht warmer Raum entstand. Sitoga hoffte, dass es nicht regnen würde. Morgen musste sie mit ein paar Lederbahnen und Ästen einen Unterschlupf bauen, in dem sie abwarten konnten, bis es Amelie besser ging. Wie es danach weitergehen sollte, darüber wollte sie lieber nicht nachdenken.

In der Nacht stieg das Fieber weiter an. Amelie schlief unruhig und stöhnte dabei wie ein verletztes Tier. Ständig versuchte sie, die Felldecken abzuwerfen, die Sitoga immer wieder feststeckte. Schließlich wurden die Fieberträume so schlimm, dass sie befürchtete, die Kranke könnte ins Feuer rollen, während sie schrie und wild um sich schlug.

Kurzerhand legte sie sich zu ihr und schmiegte sich dicht an ihren Rücken. Sie schlang ihre Arme fest um den Oberkörper der Freundin und hielt mit ihren Füßen deren Beine fest. Mit geschlossenen Augen versuchte sie, etwas von ihrer eigenen Kraft und Ruhe an Amelie weiterzugeben. Nach und nach beruhigte sich die Kranke, als sie die tröstliche Nähe von Sitoga wahrnahm. Aufseufzend glitt sie in noch tiefere Bewusstlosigkeit.

Ein paar Stunden später erreichte das Fieber seinen Höhepunkt. Sie lag nun reglos da, atmete nur noch flach und ihr Herz flatterte wie ein kleiner Vogel. Ihre rot gefleckte, trockene Haut strahlte eine ungeheure Hitze aus.

Sitoga wusste, dass sie irgendwie das Fieber senken musste, sonst würde ihre Freundin die Nacht nicht überstehen. Sie tauchte Lederstücke in kaltes Wasser und wickelte sie um Amelies Beine. Sie wusch ihr Gesicht und Oberkörper und versuchte immer wieder, ihr etwas von dem Weidenrindensud einzuflößen.

Nichts half.

Schließlich schaffte sie Schnee vom nahen Gletscher herbei und packte die kalte Masse um Unterschenkel und Handgelenke. Auf Amelies Stirn legte sie behutsam das geschnitzte Pferdchen. »Mach sie gesund – bitte!«, flehte sie verzweifelt.

Langsam, ganz langsam zeigte sich eine Wirkung. Die leuchtend roten Flecken auf Amelies Körper verblassten allmählich und sie atmete tiefer und ruhiger. Der Puls wurde kräftiger, obwohl er immer noch sehr schnell ging.

Als der Morgen dämmerte, konnte Sitoga sich nicht mehr wach halten. Völlig erschöpft schlief sie neben der Freundin ein.

Die Sonne stand bereits hoch am Himmel, als sie erwachte. Sie fühlte sich beobachtet. Mit einem Ruck drehte sie sich um und blickte in Amelies klare, wache Augen. Der Fieberglanz war verschwunden.

»Hi!«, murmelte Amelie.

»Hai?«, echote Sitoga schlaftrunken, »was heißt das?«

Amelie seufzte auf. »Ich habe Durst ...«, krächzte sie. Sofort war Sitoga auf den Beinen. Sie half ihr, sich aufzusetzen. Gierig schüttete sie das Wasser aus dem Lederschlauch in sich hinein.

Die nächsten Tage war Amelie noch viel zu schwach, um irgendetwas zu unternehmen. Meist lag sie nur erschöpft auf ihrem Fell und versuchte, in einem Dämmerschlaf die Schmerzen ihres geschundenen Körpers zu vergessen. Das Fieber kehrte zum Glück nicht zurück.

Sitoga war unruhig. Der Lagerplatz gefiel ihr ganz und gar nicht. Er bot kaum Schutz vor dem Wetter und sie verdrängte lieber den Gedanken, dass vielleicht längerer Regen oder Schneefall einsetzen könnte.

Die kalte Gletscherluft und die fast baumlose Umgebung machten es ihr schwer, genug Feuerholz zu beschaffen. Das Lager ließ sich nur schlecht gegen wilde Tiere verteidigen, sodass vor allem nachts das Feuer besonders groß und hell brennen musste. Auf ihren kurzen Streifzügen stieß sie immer wieder auf Spuren eines Wolfsrudels, das sich beharrlich in ihrer Nähe aufhielt.

In der folgenden Nacht weckte Sitoga Amelie und drückte ihr wortlos einen Speer in die Hand. Die Wölfe hatten einen engen Ring um das Lager gezogen. Amelie lief es kalt den Rücken hinunter, als die Meute ihr unheimliches Geheul anstimmte. Im Widerschein des Feuers sahen sie bläulich weiße Augen aufleuchten, die zu ihnen herüberstarrten. Sitoga lauschte angespannt auf die Bewegungen der Tiere. Sehen konnte sie außerhalb des Lichtkreises fast nichts, und so war sie auf ihr geschultes Gehör angewiesen. Plötzlich wandte sie sich um, riss einen brennenden Ast aus dem Feuer und warf ihn hinter sich auf den Felsen hinauf. Amelie sah gerade noch einen großen Schatten in die Dunkelheit davonspringen, als Sitoga bereits wieder herumwirbelte und einen faustgroßen Stein schleuderte. Das dumpfe Aufklatschen und das schmerzvolle Knurren und Jaulen verrieten, dass sie getroffen hatte.

Die beiden Mädchen schürten das Feuer und warfen brennende Äste in die Umgebung. Endlich zogen die Wölfe sich zurück. Die nachfolgende Stille wirkte auf Amelie fast noch bedrohlicher als vorher die bestialischen Laute der Tiere. Bis sie bemerkte, dass Sitoga sich entspannte. »Das war's. Für den Rest der Nacht haben wir Ruhe«, beschied diese knapp, wickelte sich in ihre Decke und war im Handumdrehen eingeschlafen. Amelie konnte kaum glauben, dass ihre Freundin nach der gefährlichen Situation so einfach weiterschlief. Sie selbst zitterte noch immer am ganzen Körper und schreckte beim kleinsten Geräusch hoch. Sie setzte sich neben das Feuer und hielt fest ihren Speer in der Hand.

Im Morgengrauen schlug das Wetter um. Die kalten Fallwinde aus Norden legten sich und wurden von einem kräftigen Sturm aus westlicher Richtung abgelöst, der mit der wärmeren Luft Schneefall brachte. In kürzester Zeit war das Land weiß überzogen und der Wind türmte den lockeren Schnee zu teilweise meterhohen Verwehungen auf. An ein Feuer war nicht mehr zu denken. Das wenige übrig gebliebene Feuerholz war nass geworden und widerstand allen Versuchen, ihm doch noch eine wärmende und schützende Flamme zu entlocken. Die beiden Mädchen kauerten sich unter ihren Felldecken zusammen und bauten Sitogas Gepäck als Windschutz um sich herum auf.

»Sobald der Sturm nachlässt, müssen wir hier verschwinden«, schrie Sitoga gegen das Heulen des Windes. Amelie nickte nur, obwohl ihr schleierhaft war, wie sie es schaffen sollten, von hier wegzukommen – geschweige denn, wohin sie gehen könnten.

Aber Sitoga hatte wie immer das Wetter richtig eingeschätzt. So schnell der Sturm aufgezogen war, so rasch hatte er sich auch wieder gelegt. Durch die aufgewärmte Luft setzte Tauwetter ein und der Regen strömte grau und gleichmäßig aus den tief hängenden Wolken. Die weiße Pracht verwandelte sich in knöcheltiefen Schneematsch, der das Gehen äußerst mühsam machte.

Sie brachen auf und stapften schweigend dahin. Amelie war noch immer ziemlich schwach und musste häufig eine Verschnaufpause einlegen. Auf der Kuppe eines kleinen Hügels zitterten ihr vor Erschöpfung die Beine. Sie hätte sich gerne zum Ausruhen hingesetzt, aber das war unmöglich. Jedes Fleckchen Erde, jeder Stein, jedes Grasbüschel triefte vor Nässe und so konnte sie sich nur auf ihren Stock stützen und versuchen, wieder zu Atem zu kommen.

Als sie müde den Blick zurückwandte, fuhr sie zusammen. »Das Eis!« stieß sie überrascht hervor.

Ihnen bot sich ein atemberaubender Anblick: In einer überwältigenden Kulisse lag die gewaltige Eisbarriere vor ihren Augen. Gletscher türmte sich über Gletscher – himmelhoch, ein wahres Gebirge aus Eis.

Die Barriere reichte nach rechts und links, so weit sie überhaupt sehen konnten und wie eine endlose Mauer schwang sie sich in ungeheure Höhen auf. Das Eis schimmerte in allen denkbaren Schattierungen: Hier war es schiefergrau vor Alter, fast schwarz, dort blendend weiß, wo frischer Schnee es bedeckte, hier grünlich, wo tiefe Spalten es zerfurchten, dort wiederum hellblau, wo berggroße Blöcke abgebrochen waren. Wie gewaltige erstarrte Flüsse reichten die Gletscherzungen weit ins Land hinein, gesäumt von Moränen, den mächtigen Schotterbergen, von den Eisströmen geschliffen und zusammengeschoben. Manche der Eiszungen endeten in einem glitzernden flachen See.

»Du solltest es erst mal sehen, wenn die Sonne scheint«, bemerkte Sitoga lächelnd. »Dann funkelt und glitzert das Reich der Geister und Dämonen, dass man sich nicht vorstellen kann, wie dort ein Mensch auch nur seinen Fuß hinsetzen könnte.«

»Was meinst du, kann man da drüberklettern?«, fragte Amelie nachdenklich.

»Nein, bestimmt nicht«, lachte Sitoga. »Ich war schon ein paar Mal auf dem Großen Eis«, fuhr sie fort, »einmal sogar einen ganzen Tagesmarsch vom Rand entfernt. Das Eis türmt sich immer weiter auf und es ist kein Ende zu sehen. Selbst wenn man einen Weg zwischen den Spalten finden und die gefrorenen Wasserfälle überwinden könnte, wäre es unmöglich, genug Nahrung mitzuschleppen, um bis auf die andere Seite zu gelangen. Da oben gibt es kaum jagdbare Tiere und erst recht keine essbaren Pflanzen.«

»Was ist auf der anderen Seite?«, fragte Amelie versonnen.

»Ich war selbst noch nie dort. Aber es gibt immer wieder Händler und Wanderer, die hinübergelangen wollen. Sie erzählen, dass man die Barriere weit im Osten umgehen kann. Man braucht ein bis zwei Jahre für den Weg. Dort im Norden gibt es weite Landschaften mit Menschen, die eine uns völlig fremde Sprache sprechen.«

Amelie kam der Verdacht, dass es sich dabei eventuell um die nördlichen Alpenländer aus ihrer Zeit handeln könnte. Standen sie in diesem Augenblick wirklich vor den Alpen, die noch unter einer kilometerdicken Gletscherschicht aus der letzten Eiszeit begraben waren? Sie konnte sich erinnern, darüber etwas gelesen zu haben, brachte die Einzelheiten aber nicht mehr zusammen.

Sie hatte Sitogas Erklärungen nicht mehr zugehört.

»… auch im Westen umgehen«, sagte diese gerade. »Der Weg ist noch weiter und wesentlich gefährlicher, weil man dabei riesige Gletscher überqueren muss. Von diesem Weg habe ich gesprochen, als ich meinen Leuten vorgeschwindelt habe, wo du herkommst …«, sinnierte sie.

›Jetzt ist der Zeitpunkt gekommen‹, dachte Amelie und setzte sich nun doch zitternd auf einen der nassen kalten Steine.

»Wo gehen wir eigentlich hin?«, fragte sie leise.

Lange Zeit erhielt sie keine Antwort. Schließlich holte Sitoga tief Luft: »Ich habe vor, noch einen oder zwei Tage am Eis entlang zu wandern. Dann stoßen wir auf einen größeren Fluss, dem wir folgen können. Zuletzt erreichen wir das Ende des Gebietes, das meine Leute durchstreifen und wenden uns nach Süden. Ich hoffe, dass wir dort auf freundliche Menschen treffen, bei denen wir den Winter verbringen dürfen. Im nächsten Frühjahr können wir dann versuchen, die große Eisbarriere zu umgehen, um in die nördlichen Länder zu gelangen, wo uns keiner kennt … Aber wir müssen uns beeilen. Wenn uns hier der Schnee überrascht, sind wir verloren.«

»Was ist mit deinen Leuten, Sitoga«, flüsterte Amelie rau, »was ist mit An-Oni, Venti und Uri? Willst du nie mehr zu ihnen zurück? Zu deiner Familie? Wenn Che'Gwoia ein gutes Wort für dich einlegt, nimmt dich dein Lager vielleicht wieder auf, obwohl du dich über die Gesetze hinweggesetzt hast und mir gefolgt bist …« Sie verstummte. Zum ersten Mal sah sie Tränen in Sitogas Augen schimmern. Wütend wischte diese sie weg. »Ich werde dich nicht im Stich lassen«, brummte sie und stand auf. »Komm, wir müssen weiter.«

Schweigend gingen sie hintereinander her. Die gedrückte Stimmung wich den ganzen Tag nicht von ihnen. Nur mit den nötigsten Worten schlugen sie gegen Abend ihr Lager auf und verzehrten ein karges Mahl aus getrocknetem Fleisch und zähen, bitteren Wurzeln. Sitoga übernahm die erste Wache und weckte Amelie für die zweite Nachthälfte.

Als Sitoga fest eingeschlafen war, fasste Amelie einen Entschluss. So leise wie möglich packte sie einige wenige Dinge in ein Fellbündel. Sie achtete darauf, dass sie nichts mitnahm, was Sitoga vielleicht nötig brauchen würde, bevor sie zum Schutz für die tief schlafende Freundin noch einmal ordentlich Holz aufs Feuer legte.

Sie war bereits ein paar Schritte gegangen, als sie noch einmal kehrtmachte und Sitoga vorsichtig einen Kuss auf die Stirn drückte. Dann nahm sie ihren Speer auf und entfernte sich rasch. Tränenblind stolperte sie durch die Gegend und hoffte, dass sie eine große Entfernung zwischen sich und die Freundin legen konnte, bevor diese aufwachte. Sitoga würde den Wink sicher verstehen und könnte zu ihren Leuten zurückkehren.

Was sie selbst anging, machte Amelie sich keine Illusionen über ihre Zukunft. Die Wahrscheinlichkeit, allein in dieser rauen fremden Welt überleben zu können, ging gegen null, obwohl sie inzwischen gelernt hatte, kleinere Tiere zu jagen und essbare Pflanzen zu erkennen. Wenn sie in den nächsten Tagen nicht auf Menschen treffen würde, die sie bei sich aufnahmen … nun, sie würde es einfach versuchen müssen.

Gegen Mittag erreichte sie den Fluss, von dem Sitoga gesprochen hatte. Der Strom nahm die Schmelzwasser der gewaltigen Gletscher auf. Breit und schäumend rauschten die grünlich-weißen Fluten dahin. Amelie trank aus der hohlen Hand von dem erfrischenden Nass. Aus der Mitte des Flussbettes vernahm sie ein dumpfes Poltern und Donnern, manchmal auch einen scharfen Knall: Der Fluss rollte mit Urgewalt mächtige Steine in seinem Bett, die gegeneinander schlugen und dabei zerbarsten.

Den Strom entlang zu wandern, erwies sich als überraschend einfach. Der Boden auf der Uferböschung war hart und einigermaßen eben. Es gab kaum Büsche oder Bäume, die ihr den Weg versperrten und so kam sie gut voran. Am späten Nachmittag rissen die Wolken auf und die Sonne trat hervor. Amelie konnte sich fast einreden, auf einem Wanderausflug unterwegs zu sein. Die Gedanken an Sitoga schob sie beiseite.

Gegen Abend entdeckte sie im Kiesbett einige flache Tümpel, die in der warmen Sonne glitzerten. Sie zog ihre Kleider aus und wusch sich bibbernd in dem eiskalten Wasser. Zu ihrer Freude wuchsen bei den Steinen ein paar Büschel Seifenkraut, die sie zwischen den Händen zerrieb. Mit dem entstandenen Schaum konnte sie sogar ihre Haare waschen.

Schlotternd vor Kälte schlüpfte sie wieder in ihre Kleider und zog die Kapuze über den nassen Kopf. Sie fühlte sich nach langer Zeit endlich wieder einmal frisch und sauber.

In einem weiteren Tümpel beobachtete sie ein paar handtellergroße Fische, die nach Insekten auf der Wasseroberfläche schnappten. Das Wasser war so klar und der Teich so klein und flach, dass es keine große Kunst war, mit einem zugespitzten Stock ein paar zu fangen.

Bald brannte ein Lagerfeuer und die Fische verbreiteten zusammen mit dem Rauch und ein paar Kräutern einen unwiderstehlichen Duft in der ganzen Umgebung. Stolz auf ihren Fang ließ sie sich neben ihrem Feuer nieder und beschloss, hier zu übernachten.

Der würzige Essensduft kitzelte indes nicht nur Amelies Nase. Wenn das Rauschen und Poltern des nahen Flusses nicht so laut gewesen wären, hätte sie vielleicht rechtzeitig den Bären bemerkt, der sich ihrem Lager näherte. Es war ein Jungtier, kaum größer als Amelie, neugierig und mit dichtem braunem Pelz. Der Bär war hungrig und folgte dem Duft der Fische.

Sie bemerkte ihn erst, als er sich auf den Hinterbeinen aufrichtete. Der Schreck fuhr ihr in die Glieder und sie griff unwillkürlich nach ihrem Speer. Schnaufend und brummend sog das Tier die Luft ein, ließ sich wieder auf alle Viere herab und trabte gemächlich auf das Feuer zu. Kurz davor zögerte es verwirrt, schnüffelte geräuschvoll und versuchte, mit seinen kurzsichtigen kleinen Augen etwas zu erkennen. Der lockende Geruch des bratenden Fisches war unwiderstehlich, aber der Rauch störte den Bären und er nahm jetzt auch deutlich den Menschengeruch wahr. Erbost brummte er und schüttelte sich mürrisch. Amelie wagte nicht, sich zu bewegen. Er war keine fünf Meter mehr von ihr entfernt.

Erneut schnupperte er zu den Fischen hinüber, prustete verärgert, als er das flackernde Feuer bemerkte und beschloss, sich zuerst um den bedrohlichen Menschengeruch zu kümmern. Er wandte sich in Amelies

Richtung und diese meinte, das Herz müsse ihr stehen bleiben. ›Du musst etwas tun‹, ermahnte sie sich selbst, ›vertreibe ihn!‹

Sie nahm einen etwa faustgroßen Stein auf und warf ihn mit aller Kraft gegen den Bären. Das dichte Fell verhinderte jede Verletzung. Das massige Tier spürte nicht einmal Schmerz. Aber der Aufprall reichte, um seine Wut anzustacheln. Aufbrüllend beschleunigte es seine Schritte. Sie merkte nicht, wie sie in Todesangst schrie. Unwillkürlich richtete sie den Speer auf den Bären, das hintere Ende fest in den Kies gestemmt. Als er sich nach vorne fallen ließ, drang ihm die Steinspitze tief in die Eingeweide. Rasend vor Wut und Schmerz wälzte er sich herum. Mit einer einzigen Bewegung seiner Tatzen brach er den Speerschaft entzwei und schleuderte ihn davon.

Amelie wich zurück, stolperte und fiel zu Boden.

Gerade als der Bär sich in einem erneuten Aufbäumen auf sie werfen wollte, zischte etwas haarscharf an ihrem Ohr vorbei.

Das Tier blieb abrupt stehen und verharrte regungslos. Dann öffnete es die Schnauze und stieß grunzend den Atem aus. Langsam, wie in Zeitlupe, sank es in sich zusammen, zuckte noch einige Male und lag dann still. Jetzt erst erkannte Amelie, dass Sitogas Speer in einem Auge steckte.

Aufschluchzend vor Erleichterung warf sie sich der Freundin in die Arme. Sitoga ließ sie gewähren und hielt sie fest.

Als Amelie sich einigermaßen beruhigt hatte, sah sie ihr in die Augen und versuchte stammelnd, zu erklären, warum sie in der Nacht weggelaufen war. Sitoga wollte davon aber gar nichts wissen. Brummig wie der Bär verbarg sie ihre Rührung und sagte nur kurz angebunden: »Wenn du das nächste Mal früher als ich losziehst, nimmst du gefälligst mehr vom Gepäck mit, damit ich dir nicht alles hinterherschleppen muss. Und jetzt sollten wir unser Abendessen rösten. Ich sterbe vor Hunger.«

Die beiden Mädchen zerlegten den Bären. Amelie hielt immer noch respektvollen Abstand zu dem Tier und musste sich überwinden, richtig zuzupacken und die Bestie aufzuschneiden. Zu stark war noch die Erinnerung an die gerade überstandene Gefahr.

Die kleinen Fische über dem Feuer waren inzwischen zu Kohle verbrannt. Stattdessen brutzelten aber bald die besten Fleischstücke des Bären über der Glut. Die Jagdbeute war eine höchst willkommene Nahrungsquelle. Sie wollten so viel Fleisch grillen, wie sie zu tragen vermochten, um in den nächsten Tagen möglichst rasch voranzukommen, ohne die knappe Zeit mit der Suche nach Essbarem vergeuden zu müssen.

Dennoch blieb ein beträchtlicher Berg an rohem Fleisch übrig, den sie nicht verwerten konnten. Sitoga betrachtete wehmütig den daliegenden Reichtum. Vor allem den Bärenschädel hätte sie zu gerne mitgenommen. Stattdessen plagte sie sich mit dem flauschigen Fell ab. Darauf wollte sie auf keinen Fall verzichten. Die bluttriefende rohe Haut war unglaublich schwer. Sie breiteten sie neben dem Feuer aus, um sie über Nacht einigermaßen zu trocknen.

Inzwischen war es fast dunkel, aber Sitoga bestand darauf, ein gutes Stück von dem Kadaver entfernt ihr Lager aufzuschlagen. Bei den Raubtieren und Aasfressern in der Umgebung würde es nicht lange unbemerkt bleiben, dass es dort am Strom Fressen im Überfluss gab.

Sie richteten sich weiter flussabwärts für die Nacht ein. Ein neues Feuer prasselte heimelig und die Erlenbüsche um sie herum hielten den Wind ab. Auf ein Zeltdach konnten sie heute verzichten und Amelie betrachtete beim Einschlafen wieder einmal die hell funkelnden Sterne am Firmament.

Siebzehn

Sie waren bereits einige Stunden unterwegs, als Sitoga plötzlich wie angewurzelt stehen blieb. Angespannt musterte sie die Umgebung, bevor sie sich auf den Boden kniete und sorgfältig ein Büschel Gras untersuchte. »Hier sind mehrere Menschen gegangen«, murmelte sie. Amelie konnte nichts Besonderes an dem Gras feststellen, bis die Freundin auf ein paar umgeknickte Halme und gelockerte Steinchen wies. Auch dann noch war ihr schleierhaft, wie man daran etwas erkennen sollte.

»Vielleicht Borud und Alon?«, fragte sie beunruhigt. Langsam schüttelte Sitoga den Kopf. »Nein, ich glaube nicht, dass diese Spuren von Leuten aus unserem Lager stammen …« Sie ließ den Blick in die Runde schweifen. »Die Spur ist schon älter. Ich will herausfinden, woher sie kommt.«

Sie führte Amelie vom Flussufer weg über eine kleine Anhöhe und in ein schmales Tal, das dicht mit dornigem Gestrüpp bewachsen war. Immer wieder blieb sie stehen und untersuchte sorgfältig den Boden. Einmal zog sie aus einem Zweig eine Strähne dünnen langen Haares, das in der Sonne glänzte. Amelie war überrascht, dass das Haar blond war – fast so hell wie ihr eigenes.

Sitoga war ihre Besorgnis jetzt deutlich anzumerken. Sie schritt schneller aus und plötzlich standen sie auf einer kleinen Lichtung. Der Boden war zerstampft und es waren verwischte Fußabdrücke sichtbar. Am Rand war das Gras niedergedrückt, als hätte dort jemand gelegen. Allerdings konnte selbst Amelie erkennen, dass die Spuren nicht mehr frisch waren. Der kurze Schnee-Einbruch der letzten Tage hatte viele der Zeichen vernichtet.

Sie hatte früher einmal in einem Film gesehen, wie die Polizei einen Tatort überprüfte. Mit derselben Gründlichkeit ging Sitoga nun vor. Jeden Grashalm, jeden Bodenkrümel untersuchte sie genauestens.

Schließlich erhob sie sich. »Jemand hat hier mehrere Tage im hohen Gras gesessen. Dieser Jemand wurde von mindestens drei Menschen überfallen. Sie kamen aus dieser Richtung.« – Sie zeigte nach Süden – »Er hat sich zwar heftig gewehrt, konnte letztlich aber nichts gegen die anderen ausrichten. Er wurde beim Kampf verletzt und auf der Spur weggeschleppt, auf die wir am Fluss gestoßen sind.«

»Was denkst du, wer hier überfallen wurde? Und von wem?«, fragte Amelie.

»Jeder, der sich hier einige Zeit aufhält, würde ein Feuer anzünden. Es gibt aber keine Feuerstelle und keine Reste von irgendwelchen Mahlzeiten. Ich bin daher ziemlich sicher, dass wir den Unterschlupf gefunden haben, den sich Rokai ausgesucht hat, um hier mit den Geistern zu sprechen«, antwortete Sitoga.

»Rokai? Aber wer sollte ihn denn überfallen haben?«

»Die Langen«, knirschte Sitoga mit zusammengebissenen Zähnen. »Außer ihnen und dir hat niemand so helles Haar, wie die Strähne, die wir gefunden haben …«

»Hör zu«, fuhr sie fort, »Rokai war zwar verletzt, hat aber noch gelebt, als sie ihn von hier wegbrachten. Die Langen haben ein paar Tage Vorsprung, kommen aber mit ihrem Gefangenen wahrscheinlich nicht besonders schnell voran. Bestimmt haben sie nicht allzu weit entfernt ihr Lager. Ich will versuchen, dorthin zu gelangen. Vielleicht kann ich Rokai helfen. Meinst du, du schaffst es, mitzuhalten? Wir werden uns beeilen müssen.«

Die Aussicht, eine feindlich gesinnte Gruppe von Menschen zu suchen, war alles andere als verlockend für Amelie. Alleine zurückzubleiben war andererseits aber ebenfalls kein Vergnügen. Außerdem sah sie ein, dass sie Rokai helfen mussten, wenn es irgend möglich war. Sie hoffte, dass sie für Sitoga kein allzu großer Klotz am Bein sein würde.

Rasch breiteten sie ihr Gepäck aus und suchten sich leichte Speere, einige Messer, Zunder und Feuerstein und ein paar Felldecken zusammen. Eine Tasche füllten sie mit dem gebratenen Bärenfleisch. »Den Rest verstecken wir hier in den Büschen. Das Zeug ist zu schwer und wir können es später immer noch holen.« Dann machten sie sich auf den Weg zurück zum Fluss. Sitoga ging mit raschen, weit ausholenden Schritten voran. Sie setzte die Beine in einem gleichmäßigen, kräftesparenden Rhythmus, den sie über viele Stunden unverändert beibehalten konnte. Amelie bemühte sich, im gleichen Takt zu marschieren: Links – einatmen, rechts – ausatmen. Im Nu waren sie am Ufer des Gletscherflusses angekommen und folgten der kaum wahrnehmbaren Spur stromabwärts.

Amelie wurde bereits müde. Die Strapazen der letzten Tage und Wochen machten sich bemerkbar. Trotzdem zwang sie sich, im gleichen Schritt weiterzugehen und tatsächlich überwand sie die Müdigkeit und das Gehen fiel ihr wieder leichter. Jedes Mal, wenn die Erschöpfung erneut aufkam und ihre Beine sich wie aus Blei anfühlten, konzentrierte sie sich auf ihren Atemrhythmus und konnte kurze Zeit später mit neuer Kraft weiterwandern. Sie war so vertieft in das Gehen, dass sie nicht bemerkte, als Sitoga stehen blieb – bis sie gegen sie prallte.

Die Freundin grinste spöttisch: »Wenn Feinde in der Nähe sind, lasse ich dich vorausgehen. Falls sich uns jemand in den Weg stellt, wirst du ihn ganz einfach über den Haufen rennen.«

Amelie verzog das Gesicht und rieb sich die schmerzende Wange, die auf Sitogas knochiger Schulter gelandet war.

Die Jägerin wies zu Boden: »Hier haben sie gerastet. Sie haben Fleisch vom Steinbock gegessen. Da sind ein paar abgenagte Knochen. Rokai saß mit gebundenen Händen hier drüben und hat wohl nichts bekommen. Aber immerhin waren seine Beine nicht gefesselt; er ist also nicht so schwer verletzt, dass er nicht selbst hätte gehen können«, las sie die Spuren. »Von hier zogen sie übrigens nach Westen weiter, weg vom Fluss.«

Auch die Mädchen wandten sich nun vom Strom ab und folgten der Fährte. Die Dämmerung senkte sich langsam über das öde Land, aber keine der beiden dachte ans Ausruhen. Hügelauf und hügelab führte ihre Spur – so schnurgerade, dass Sitoga es sogar wagte, im Dunkeln weiterzugehen.

Zwei Stunden später konnten sie die Hand nicht mehr vor Augen sehen. Die Freundinnen stolperten unter einen überhängenden Felsen und wickelten sich in ihre Schlaffelle. Sie aßen eine Hand voll Beeren und knabberten an dem fettigen kalten Bärenfleisch herum. Ein Feuer wollten sie lieber nicht anzünden. Amelie versank in einen unruhigen Schlaf, während Sitoga sich aufrecht an die Steinwand lehnte und in einer Art Dämmerzustand Wache hielt.

Kurz nach Mitternacht weckte sie Amelie. Sie hasteten weiter. Der Mond war aufgegangen und leuchtete hell über den Hügeln. Die Spuren von Rokai und den ›Langen‹ waren deutlich zu erkennen.

Das Land ringsum war in silbernes, kaltes Mondlicht getaucht und wirkte unwirklich und wie verzaubert. Der Wind erzeugte seltsame Muster und Schatten, wenn er über die Grasflächen strich. Amelie hatte das Gefühl, als würde sie schweben und als berührten ihre Füße beim Gehen gar nicht mehr den Boden. Entfernungen schienen anders als am Tage und die Hügel vor ihnen wichen immer weiter zurück, statt dass sie näher rückten.

Sitoga hielt sich nicht mit solchen Überlegungen auf. Sie schritt genauso schnell aus wie am Tage und konzentrierte sich nur darauf, die Fährte nicht zu verlieren.

Gegen Morgen wurde es empfindlich kalt unter dem klaren Himmel. Im Osten war schon ein orangeroter Streifen am Horizont sichtbar. Dort würde in Kürze die Sonne aufgehen. Auf den Gräsern bildete sich Raureif und aus den Senken stieg Nebel auf. Sie beschlossen, noch etwas zu schlafen und krochen unter die ausladenden Äste einer Kiefer.

Achtzehn

Mehrere Tage folgten sie der Fährte. Sie aßen im Gehen und legten sich immer nur für ein paar Stunden zum Ausruhen nieder. Amelie verlor jegliches Zeitgefühl. Müdigkeit oder Hunger spürte sie kaum. Ihr Körper bestand nur noch aus der Fortbewegung im immer gleichen Trott, und ihr Geist beschäftigte sich mit wirren, traumhaften Vorstellungen. Manchmal schien er aus ihr herauszutreten. Dann schwebte er über dem Land und sie sah sich selbst und Sitoga aus großer Höhe als zwei winzige Pünktchen, die wie Ameisen über die weiten Hügel und Ebenen krochen.

Nach einer besonders kalten und ungemütlichen Rast im Morgengrauen kehrte Sitoga von einem kurzen Erkundungsgang zurück und verkündete: »Ich habe weitere Fußspuren gefunden, die die Fährte kreuzen. Dort drüben am Hang wächst Sanddorn, und jemand hat die Beeren gepflückt. Ich denke, wir sind nun ziemlich nahe am Lager der ›Langen‹. Wir werden erst nach Einbruch der Dunkelheit weiterziehen. In der Ebene könnten sie uns sonst zu leicht entdecken.« Sie blieben in ihrem Unterschlupf und verbrachten die meiste Zeit mit Ausruhen und Schlafen. Im Laufe des Tages bedeckte sich der Himmel mit einer blassen Wolkendecke und es wurde noch kälter.

Als die Hügel ringsum von der Nacht verschluckt worden waren, machten sie sich erneut auf den Weg. Der Wind hatte aufgefrischt und überdeckte die unvermeidlichen Geräusche, die beim Gehen entstanden.

»Riechst du den Rauch?«, raunte ihr Sitoga zu. »Jetzt ganz leise! Bestimmt haben sie Wachen aufgestellt.« Gebückt und jeden Busch als Deckung nutzend huschten sie auf einen der Hügel zu und erklommen ihn im Schutz einiger Felsen. Nun stieg auch Amelie der Geruch eines Lagerfeuers in die Nase. Die beiden robbten bis an den Rand einer felsigen Abbruchkante. Unter sich, in einem schmalen, tief eingeschnittenen Tal, sahen sie den Lagerplatz der ›Langen‹. Eine kleine, zeltähnliche Hütte aus Knüppelholz und Fellbahnen stand am Bachlauf im Talgrund. Daneben brannte ein großes Feuer, an dem fünf Männer saßen. Sie brieten ein paar Fleischstücke, deren Duft zu den beiden Mädchen heraufzog.

Die Kerle hatten eine helle Hautfarbe. Sie wirkten ungepflegt. Die blonden Haare hingen ihnen strähnig ins Gesicht und die Kleidung war grob und schmutzig – ganz anders als die feinen und aufwendig geschmückten Lederhemden, die Amelie zusammen mit den ›Leuten vom Großen Fels‹ hergestellt hatte. Einer der Männer hatte ein Geschwür am Schienbein, das ihm offensichtlich Schmerzen bereitete.

»Bleib hier«, flüsterte ihr Sitoga ins Ohr, »wenn einer vom Feuer weggeht, rufst du wie eine Eule, damit ich Bescheid weiß.« Schon war sie verschwunden, bevor Amelie noch fragen konnte, wie denn eine Eule ruft.

Sie brauchte es zum Glück nicht zu versuchen. Die fünf saßen nur da und verspeisten übellaunig die noch halbrohen Fleischstücke.

Kurze Zeit später kehrte Sitoga lautlos zurück. Missbilligend schüttelte sie den Kopf. »Das gibt es nicht! Die haben nicht einmal eine Wache aufgestellt. Es sind nur diese fünf Männer da und sie fühlen sich anscheinend völlig sicher. An dem kleinen Baum hinter der Hütte liegt jemand gefesselt, wahrscheinlich Rokai. Ich bin aber nicht nahe genug herangekommen, um ihn wissen zu lassen, dass wir in der Nähe sind«, wisperte sie.

Schließlich erhoben sich vier der Männer und richteten ihre Schlafstellen unter dem Zeltdach. Einer zerrte den Gefangenen heran, stieß ihn grob zu Boden und gab ihm einen Tritt in die Seite. Im Feuerschein erkannten sie Rokai, der dort gefesselt und reglos auf der nackten Erde lag. Sie sahen nicht, ob er noch am Leben war. Sitoga knirschte in ohnmächtiger Wut mit den Zähnen.

Einer der Männer blieb draußen sitzen, während die anderen bald lauthals schnarchten. Amelie zuckte erschreckt zusammen, als Sitoga neben ihr plötzlich laut und heiser wie ein Fuchs zu bellen begann. Die Laute endeten in einem dünnen, lang gezogenen Heulen. Der Kerl am Feuer schleuderte einen Stein in ihre Richtung und schrie: »Hau bloß ab! Für dich gibt's hier nichts zu fressen.«

Rokai dagegen versteifte sich plötzlich. Aufmerksam wandte er behutsam seinen Kopf nach allen Seiten. Sitogas Botschaft war angekommen. Sie lächelte zufrieden und vorsichtig zogen sie sich zurück. Solange der Wächter am Feuer saß, konnten sie nichts weiter unternehmen.

An Schlaf war in dieser Nacht nicht zu denken. Immer wieder robbte Sitoga zur Felskante vor und beobachtete den Lagerplatz der ›Langen‹. Die Männer wechselten sich bei der Wache ab, sonst geschah nichts.

Erst als die Sonne bereits hoch am Himmel stand, wurden die Kerle munter. Häufig spähten sie nach Westen. Anscheinend warteten sie auf etwas oder jemanden. Und tatsächlich, kurze Zeit später kam ein einzelner Mann das Tal herunter. Schon von weitem machte er durch Rufe auf sich aufmerksam. Die beiden Mädchen mussten einen überraschten Aufschrei unterdrücken, als sie Boruds Stimme erkannten.

Die ›Langen‹ begrüßten ihn wie einen alten Freund. Sitoga wurde ganz zappelig vor Aufregung.

Borud blieb nicht lange. Die Männer übergaben ihm zwei kleine Lederbeutel und als einer fragend auf den am Boden liegenden Rokai zeigte, zuckte er abfällig mit den Schultern und fuhr sich in unmissverständlicher Bewegung mit dem Zeigefinger quer über den Hals. Amelie wurde ganz flau im Magen und Sitoga biss vor Wut in den Ärmel ihres Hemdes. »Mörder! Verräter!«, stieß sie erstickt hervor. Am liebsten hätte sie sich auf ihn gestürzt und ihn in winzige Stücke zerfetzt.

Als er verschwunden war, kam Bewegung in das feindliche Lager. Vier der Männer rüsteten sich zum Aufbruch. Der mit dem verletzten

Bein blieb mit Rokai zurück. Er zog die Fesseln noch fester und legte sich faul unter das Hüttendach.

Sitoga erhob sich, sobald die vier anderen außer Sicht waren. »Los jetzt! Wir greifen an«, rief sie leise. In einem Halbkreis umrundeten sie das Lager und näherten sich ihm vorsichtig im Schutz der Büsche. Als unter Amelies Füßen plötzlich ein trockener Zweig knackte, schreckte der Mann auf und kam rasch auf die Beine. Sitoga ließ ihm keine Zeit, nach einer Waffe zu greifen. Sie sprang ihm wie ein wütender Wolf an die Kehle. Kurz rangen sie miteinander, dann gewann der Mann die Oberhand. Entsetzt sah Amelie, wie er Sitoga an seine breite Brust presste und ihr regelrecht die Luft aus der Lunge quetschte. Das Mädchen konnte der Gewalt seiner Arme nichts entgegensetzen und strampelte wild mit den Füßen – in der verzweifelten Hoffnung, ihm einen Tritt gegen seine Wunde zu verpassen. Aber schon wurden ihre Bewegungen kraftloser.

Amelie schrie auf und warf sich ebenfalls auf die Kämpfenden. Ihr plötzliches Erscheinen überraschte den Mann und brachte ihn aus dem Gleichgewicht. Er strauchelte und fiel. Während er die schon fast bewusstlose Sitoga losließ, schnellte er schlangengleich herum und erwischte Amelies Knöchel. Wie mit einem Schraubstock presste er ihn zusammen und riss sie ebenfalls zu Boden. Da bekam sie einen Stein zu fassen, krümmte sich und hieb ihn dem Mann mit aller Kraft gegen die Schläfe.

Der ›Lange‹ verdrehte die Augen und kippte um. Blut sickerte aus seinen blonden Haaren und einem Ohr, und Amelie fürchtete schon, dass sie ihn umgebracht hatte.

Inzwischen war Sitoga wieder auf den Füßen und band rasch Arme und Beine des Mannes zusammen. Als er endlich wie ein Paket verschnürt auf dem Boden lag, erhob sie sich seufzend. Anerkennend blinzelte sie zu Amelie hinüber. »Den Schlag mit dem Stein musst du mir nachher noch mal zeigen.« Amelie stotterte verlegen: »Ich … ich weiß auch nicht. Ich habe gar nicht nachgedacht, sondern …«

Sie wurden von gedämpftem Knurren und Schnaufen unterbrochen, das vom Feuer herüberdrang. Der Gefangene hatte es trotz seiner Fesseln geschafft, sich auf Hände und Knie zu erheben und starrte flehend zu ihnen herüber. »Hallo, Rokai, dich hätten wir ja um ein Haar vergessen«, flapste Sitoga und lief zu ihm, um die Lederriemen zu durchtrennen. Er riss sich ein Stück Fell, das ihm die ›Langen‹ als Knebel in den Mund gestopft hatten, heraus und holte tief Luft. »Bin ich froh, euch zu sehen«, keuchte er, »ich habe dein Fuchsgebell gestern gehört und konnte es kaum erwarten, bis ihr mich endlich hier herausholt.«

»Wir müssen von hier verschwunden sein, bevor die Anderen zurückkommen«, sagte Sitoga ernst. »Glaubst du, dass du gehen kannst?«

»Muss ich wohl ...«, knurrte Rokai und massierte sich heftig die Knöchel, um die Durchblutung in Gang zu bringen, die durch die Fesseln lange unterbrochen gewesen war. Wackelig kam er auf die Beine, musste sich aber nach ein paar Schritten bereits wieder setzen.

»Versuch es weiter«, ermunterte ihn Sitoga. »Wir kümmern uns erst einmal um den Kerl da.« Sie packten den schweren Mann und schleiften ihn zu dem Baum, an dem gestern noch Rokai angebunden gewesen war. Sorgfältig überprüften sie nochmals alle Fesseln. Amelie bestand darauf, dass sie ihm den Knebel so in den Mund stopften, dass er nicht daran ersticken konnte. Sitoga zuckte zwar gleichgültig mit den Schultern, fügte sich aber ihrer Freundin.

»Wir sollten weg sein, bevor er aufwacht oder seine Freunde wieder auftauchen. Allzu leicht sollen sie nicht herausfinden können, in welche Richtung wir verschwunden sind«, entschied sie dann.

Hastig packten die beiden Mädchen ihre wenigen Habseligkeiten zusammen. Rokai hatte es inzwischen einigermaßen geschafft, auf den Beinen zu bleiben. Er trat zu dem noch immer ohnmächtigen Mann und spuckte ihm ins Gesicht. »Dreckiger Bastard«, zischte er, »ich sollte dir ein Messer zwischen die Rippen jagen.«

»Komm, Rokai! Wir vergeuden nur unsere Zeit«, rief Amelie, die sich lieber nicht vorstellen wollte, dass er seine Drohung womöglich wahr machte. Der Junge humpelte zu der Hütte am Bach und kramte darin herum. Mit einem Bündel guter Speere und einigen ganz neuen Steinklingen kehrte er zurück. Bis auf ein paar wenige, die sie selbst gebrauchen konnten, zerbrach er die Schäfte und zertrümmerte die Klingen. »So, jetzt können wir gehen. Da drin liegt noch ein Beutel mit Fleisch, aber lieber verhungere ich, als dass ich davon etwas esse.« Niemand widersprach ihm und so machten sie sich auf den Weg.

Sie gingen zunächst nach Osten und achteten darauf, dass sie dabei eine deutliche Spur zurückließen. Auf einem kahlen Geröllfeld, auf dem kaum Fußabdrücke sichtbar wären, wandten sie sich dann zum Gletscherfluss hin. Nun versuchten sie, so wenig Zeichen ihrer Anwesenheit wie möglich zu hinterlassen, in der Hoffnung, dass die Männer bei einer Verfolgung in der falschen Richtung weitereilen würden.

Je länger der Marsch dauerte, desto langsamer kamen sie jedoch voran. Rokai beklagte sich nicht, wurde aber immer matter. Schließlich stolperte er nur noch und die Beine knickten unter ihm ein. Während seiner Gefangenschaft hatte er wesentlich mehr erleiden müssen, als er zugeben wollte.

Trotz seiner Proteste nahmen ihn die beiden Mädchen kurzerhand zwischen sich und jede legte sich einen seiner Arme über die Schulter. Sitoga bestand darauf, dass sie eine möglichst weite Wegstrecke zurücklegen mussten, bevor sie eine Pause einlegen durften. Wenn die Männer ihren Kameraden befreiten und sie einholten, hätten sie keine Chance, ihnen zu entkommen.

Neunzehn

Es war anstrengend, mit dem zusätzlichen Gewicht des Jungen auf ihrer Schulter das von Sitoga vorgegebene Tempo durchzuhalten. Trotzdem war Amelie die Nähe Rokais alles andere als unangenehm. Sie genoss den warmen Körper neben sich, der sich geschwächt auf sie stützte.

Dunkelheit senkte sich bereits über das Land, als sie völlig erschöpft rasteten. Trotz der Gefahr mussten sie ein paar Stunden ausruhen. Sitoga kletterte auf den nächsten Hügel, um noch einmal Ausschau nach ihren Verfolgern zu halten. Amelie nutzte das schwindende Licht, um Rokais Fuß- und Handgelenke zu untersuchen. Die Fesseln hatten tief ins Fleisch geschnitten, und jetzt waren die Gelenke dick angeschwollen und die Wundränder eitrig. Aus Sitogas Beutel kramte sie einen Tiegel mit Hirschfett, mischte ein paar entzündungshemmende Kräuter hinein und strich die Paste vorsichtig auf die verletzten Stellen. Der Junge hielt die Augen geschlossen und biss die Zähne fest zusammen.

Mit Lederstreifen brachte sie einen stützenden Verband um seine Fußgelenke an. Als sie die entzündeten Wunden berührte, stöhnte Rokai vor Schmerzen, und Tränen stahlen sich aus seinen Augenwinkeln. Unwillkürlich wischte sie sie von seinem Gesicht. Der Jäger lächelte schwach und drückte ihre Hand. Dann schlief er erschöpft ein.

Kurze Zeit später kehrte Sitoga zurück. Amelie fiel auf, dass sie sich vorsichtiger als sonst bewegte und heftig zusammenzuckte, als sie sich an einen Felsen lehnte.

»Was ist mit dir?«, fragte sie.

»Nichts, ich bin schon in Ordnung.«

»Na klar, du bist völlig in Ordnung – und der Papst ist evangelisch«, gab Amelie spöttisch zurück. Verständnislos sah Sitoga sie an. »Was ist ›Papst‹?«

Amelie ging nicht darauf ein. »Lass mich mal deinen Oberkörper sehen«, forderte sie die Freundin auf. Diese winkte müde ab, versuchte aber doch, ihre Kleidung hochzuziehen. Als sie die Arme über den Kopf heben wollte, wimmerte sie vor Schmerz. Sofort war Amelie bei ihr und half ihr, vorsichtig das Hemd auszuziehen. Sie war entsetzt.

Sitogas Oberkörper schillerte in allen Farben. An ihrer linken Brust zog sich ein blutiger Striemen entlang und an der rechten Seite ließen die massiven Blutergüsse befürchten, dass Rippen gebrochen waren. »Der Kerl hat dich ja übel zugerichtet«, meinte sie schockiert.

»Nun, ich habe mir die Umarmung auch etwas zärtlicher erhofft«, frotzelte Sitoga erschöpft.

»Ich werde den Rest des Hirschfetts auf die schlimmsten Stellen auftragen. Wir haben noch eine weiche Lederbahn, die ich dir um den Oberkörper wickeln werde«, beschloss sie resolut. »Das sollte die Schmerzen etwas dämpfen und vor allem die angeknacksten Rippen stützen.«

»Du klingst wie meine Mutter«, protestierte Sitoga schwach.

»Ich habe An-Oni nicht umsonst zugesehen, wenn sie im Lager Verletzte behandelt hat«, gab Amelie zurück.

Als sie Sitogas Quetschungen versorgt hatte, betrachtete sie die Kranken, die nebeneinander am Boden lagen und in einen, wie sie hoffte, erholsamen Schlaf gefallen waren. Am liebsten hätte sie sich zu den beiden gelegt, so müde fühlte sie sich. Aber jemand musste Wache halten, und so nahm sie seufzend einen Speer. Um nicht doch noch einzuschlafen, stand sie auf und lauschte in die Nacht hinaus. Schwer lastete die Verantwortung für die schlafenden Freunde auf ihr.

Als der Morgen so hell war, dass sie einzelne Büsche und Felsen unterscheiden konnte, weckte sie die beiden. Sie waren empört darüber, dass sie sie so lange hatte schlafen lassen und alleine die ganze Nacht Wache gehalten hatte.

Aber Amelie merkte, dass ihnen der Schlaf gut getan hatte. Rokai hatte trotz der Entzündungen kein Fieber bekommen und konnte besser auftreten, als noch am Tag zuvor. Sitoga hatte zwar noch starke Schmerzen, wirkte aber wieder kräftiger.

Eine Hand voll getrockneter Beeren war alles, was sie noch an Nahrungsmitteln besaßen. Die Reste des Bärenfleisches waren inzwischen verschimmelt, sodass Amelie darauf bestand, sie wegzuwerfen.

Sie eilten weiter nach Norden – auf demselben Weg, dem die beiden Mädchen vor ein paar Tagen in umgekehrter Richtung auf der Suche nach Rokai gefolgt waren.

Bei einer Rast begann der Junge zu erzählen, wie er in seinem Unterschlupf darauf gewartet hatte, dass die Geister zu ihm sprächen, als die ›Langen‹ ihn überfielen und verschleppten. Er glaubte sich schon gerettet, als plötzlich Borud auftauchte und mit seinen Peinigern verhandelte. Aber er verlor jede Hoffnung, als der Kamerad ihn im Stich ließ. Schließlich vernahm er das vertraute Fuchsgebell, in dem er sofort Sitoga erkannte.

»Was hat Borud eigentlich mit diesen Kerlen zu schaffen?«, fragte diese nachdenklich.

»Ich habe nicht alles mitbekommen, was gesprochen wurde«, antwortete Rokai wütend, »aber der Mistkerl treibt wohl Handel mit ihnen. Ich habe gehört, wie sie über wertvolle Schmuckstücke aus Muscheln und Meeresschnecken verhandelt haben, die er von den ›Langen‹ bekommen sollte. Dafür hat er ihnen verraten, was unsere Gruppe und die anderen, die noch zum Hohlen Fels kommen werden, vorhaben. Wo genau wir lagern und wie wir bewaffnet sind. Er lässt ihnen auch

Hinweise zukommen, wann die Jäger unterwegs sind und die Gruppe daher leicht zu überfallen ist.«

»Dieser miese Verräter!«, brauste Sitoga auf, »also ist er ein Spion der ›Langen‹ und schert sich einen Dreck darum, was mit seinen eigenen Leuten geschieht. Dazu ist er noch Mitglied im Weisen Rat und erfährt alles, was er verraten kann, gleich aus erster Hand! Ich habe mich immer schon gewundert, wie er an die wertvollen Schmuckstücke kommt, mit denen er sich bei unseren Leuten Vorteile erkauft, wo er sie nur kriegen kann.« Wütend knirschte sie mit den Zähnen.

»Als er gestern ins Lager der ›Langen‹ kam, hat er den Lohn für seinen Verrat erhalten. Der Kerl mit dem Geschwür am Bein hat ihn gefragt, was mit mir geschehen solle und ob Borud mich nicht mitnehmen wolle. Da hat er nur gelacht und gesagt, sie sollten mir die Kehle durchschneiden und meine Leiche verscharren, damit niemand sie finde.«

Amelie hatte Sitoga noch nie so aufgebracht erlebt. Sie war blass vor Wut. »Ja, das haben wir gestern beobachtet«, warf Amelie rasch ein, »wir müssen unsere Gruppe warnen und auch den anderen so schnell wie möglich Bescheid geben!«, rief sie erregt. Sie merkte in der Aufregung gar nicht, dass sie von »unserer Gruppe« gesprochen hatte. Sie fühlte sich inzwischen völlig den ›Leuten vom Großen Fels‹ zugehörig – obwohl sie von ihnen verstoßen worden war.

»Dann los!«, rief Rokai und sprang auf.

»Moment noch«, bremste ihn Sitoga, »jetzt müssen wir auch einiges erzählen. Seitdem du verschwunden bist, ist viel geschehen.« Und sie berichtete, dass Rokai für tot erklärt, Amelie als Dämon verurteilt und aus dem Lager ausgestoßen worden war und dass sie selbst die Gesetze der Gruppe gebrochen hatte und gegen den ausdrücklichen Befehl des Weisen Rates Amelie gefolgt war. Auch von Ussalis Verzweiflung erzählte sie.

»Du hast als ›Toter‹ wohl die besten Voraussetzungen von uns dreien, dass dir jemand zuhört«, schloss sie bitter, »Amelie und ich können nicht zurück ins Lager.«

Erschüttert blickte Rokai von einer zur anderen. »Was wollt ihr denn stattdessen machen? Hier sitzen bleiben, bis die ›Langen‹ euch erwischen, oder euch auf den Gletschern verstecken und warten, bis der Winter euch umbringt?« Er schüttelte energisch den Kopf. »Nein, wir stehen das zusammen durch. Ich gehe auf keinen Fall allein zurück!«

»Vielleicht gibt es noch eine andere Möglichkeit«, erwiderte Sitoga nachdenklich. »Inzwischen müssten noch weitere Gruppen am Hohlen Fels eingetroffen sein. Wir könnten uns direkt an die Große Versammlung wenden. Schließlich betrifft Boruds Verrat die Sicherheit aller. Möglicherweise findet sich ja auch eine Gruppe, die uns aufnimmt. Wenn nicht, können wir immer noch versuchen, uns zu zweit durchzuschlagen.«

»Zu dritt!«, korrigierte Rokai energisch. »Dann lasst uns aufbrechen.« Sie beschlossen, nicht direkt zum Hohlen Fels zu gehen, sondern zunächst weiter zum Fluss zu wandern. Ihre dort versteckten Jagdwaffen und Vorräte würden sie bestimmt noch nötig haben.

Zwanzig

Trotz Sitogas und Rokais Verletzungen kamen sie rasch voran. Amelie hatte sich inzwischen einigermaßen an die Gewaltmärsche gewöhnt und dabei eine Ausdauer entwickelt, die sie selbst erstaunte. Sie gestand sich verlegen ein, dass sie es genoss, mit den beiden Freunden unterwegs zu sein. Später im Lager mit den anderen Menschen würde alles wieder viel komplizierter werden.

Von Verfolgern war weit und breit nichts zu sehen, sodass sie davon ausgehen konnten, dass sie diese tatsächlich mit der falschen Spur an der Nase herumgeführt hatten. Andererseits saß ihnen die Zeit mit gehörigem Druck im Nacken. Sollte Borud nochmals die ›Langen‹ besuchen, würde er erfahren, dass Amelie und Sitoga Rokai befreit hatten. Er würde bestimmt nicht abwarten, bis sie im Lager aufkreuzten und ihn des Verrats beschuldigten.

Sie fanden die vor ihrer Suche nach Rokai versteckten Gegenstände unberührt vor. Rasch sortierten sie die Dinge und machten sich hungrig über die zurückgelassenen Essensvorräte her. Das Gepäck verteilten sie gleichmäßig. Nur das Bärenfell, von dem sich Sitoga zuerst nicht hatte trennen können, war inzwischen in fortgeschrittenem Verwesungszustand und stank so erbärmlich, dass sie es zurücklassen mussten. Nach kurzer Zeit waren sie erneut auf dem Weg, diesmal direkt in Richtung ihres Lagers.

Drei Tage später gelangten sie an die Quellhöhle, aus der sich ein beachtlicher Wasserlauf ins Tal ergoss. Amelie erinnerte sich daran, wie Sitoga ihr erzählt hatte, dass sie hier einst den Geist ihres verstorbenen Vaters zu finden hoffte und dabei von einem Wolfsrudel angegriffen worden war. Sie schauderte bei dem Gedanken an die Bestien, die sie ja inzwischen ebenfalls hautnah erlebt hatte.

Es war bereits Abend und die drei hielten sich nicht lange an der Quelle auf, sondern hasteten weiter. Nur noch ein kurzes Stück, dann müssten sie das Lager sehen können.

Nach einer letzten Wegbiegung lag das Hochtal vor ihnen. Aber wie verändert war es, seit sie es zuletzt gesehen hatten! Im gesamten Talgrund waren Zelte und Hütten aufgeschlagen, sodass es aussah, als wäre hier eine ganze Stadt gebaut worden. Überall brannten Lagerfeuer und Menschen jedes Alters liefen dazwischen herum. Auch Sitoga und Rokai blieben überrascht stehen. »Ich glaube, so viele Gruppen haben sich noch nie zu einer Herbstjagd zusammengefunden, zumindest so weit ich zurückdenken kann«, murmelte er.

Wie aus dem Boden gewachsen, standen plötzlich zwei Wächter vor ihnen und versperrten den Weg. »Wer seid ihr denn und wo wollt ihr hin?«, fragte der Ältere der beiden nicht unfreundlich.

»Wir müssen in einer wichtigen Angelegenheit vor der Versammlung sprechen«, begann Rokai, »dort werden wir auch erklären, wer wir sind«.

Die Wächter hoben erstaunt die Augenbrauen. »Und zu welcher Gruppe gehört ihr?«, wollte der Jüngere wissen.

»Keine Ahnung«, entgegnete Sitoga.

Der Ältere musterte die drei Jugendlichen nachdenklich von Kopf bis Fuß. Er sah deutlich, dass sie schon lange unterwegs waren. Sitogas Verband hob sich unter ihrem Hemd ab und auch Rokais verbundene Hand- und Fußgelenke konnte man nicht übersehen.

Gutmütig bemerkte er: »Nun, die Männer und Frauen kommen gerade zusammen.« Er wies auf das größte Feuer in der Mitte des Tals. »Und natürlich hat jeder das Recht, in wichtigen Angelegenheiten von der Versammlung gehört zu werden. Aber wenn ihr uns eure Namen nicht nennen wollt, wen sollen wir dann ankündigen?«

»Sagt ihnen, dass hier ein Toter, ein Dämon und eine Gesetzesbrecherin darauf warten, vor der Großen Versammlung zu sprechen«, platzte Sitoga heraus.

Der ältere Wächter verzog schmunzelnd die Lippen. »So sei es denn! Kündige die drei an«, forderte er den Jüngeren auf, »und sage meiner Frau, sie soll schleunigst etwas zu essen und zu trinken hierher bringen. Eine Schüssel mit warmem Wasser zum Waschen wäre auch nicht verkehrt.« Er wandte sich an die drei Jugendlichen: »Setzt euch. Es wird eine Weile dauern, bis man euch ruft. Ihr seht aus, als könntet ihr eine kleine Stärkung vertragen. Ich will schließlich nicht schuld daran sein, wenn unter meiner Obhut ein Dämon oder gar ein Toter verhungern …«, schloss er belustigt.

Erleichtert ließen sie sich ins Gras sinken. Sie hatten sich kaum noch auf den Beinen halten können. Die Frau brachte ihnen köstliches Essen, über das sie wie ein Rudel Wölfe herfielen. Sie sorgte auch dafür, dass sie sich waschen konnten und verband Sitogas und Rokais Wunden mit frischen sauberen Lederstreifen.

Der jüngere Wächter kehrte zurück und forderte sie auf, ihn zur Versammlung zu begleiten. Beklommen folgten sie ihm und traten mit klopfenden Herzen in den Kreis der Ratsmitglieder. Erleichtert stellte Amelie fest, dass Borud nicht unter den Männern und Frauen saß. Als einzigen Teilnehmer erkannte sie den Schamanen, der düster zu ihnen herüberstarrte.

Ein uralter Mann mit tiefen Runzeln im wettergegerbten Gesicht und schlohweißen langen Haaren musterte sie interessiert. »Nun, wer von euch wird sprechen: der Dämon, der Tote oder die Gesetzesbrecherin?«

Gelächter wurde in der Runde laut, bis Sitoga mit fester Stimme »Ich!« rief. Der alte Mann nickte ihr zu und zunächst stockend, dann immer flüssiger erzählte sie von Rokais Verschwinden, der Entdeckung von Amelies Kleidern und ›Zaubergegenständen‹ und ihrer Verstoßung.

Sie beschönigte nichts und ließ auch nicht aus, dass sie selbst ganz bewusst die Gesetze übertreten hatte, um ihrer Freundin zu folgen. Als sie berichtete, wie sie Rokais Unterschlupf entdeckt hatten und den Spuren bis zum Lager der ›Langen‹ gefolgt waren, beugten sich die Zuhörer aufmerksam vor. Jede Spur von Spott oder Belustigung war aus den Gesichtern gewichen und gebannt lauschten sie jedem Wort Sitogas.

Bei der Erwähnung Boruds unterbrach sie der alte Mann: »Warte einen Augenblick!«, befahl er und winkte ein paar Jäger, die an einem der anderen Feuer saßen, heran. Flüsternd wurden Anweisungen erteilt, und die Jäger eilten schwer bewaffnet davon. Der Alte forderte Sitoga auf, fortzufahren.

Sie berichtete von dem Kampf mit dem ›Langen‹ und ihrer Flucht. Rokai ergänzte den Bericht und erzählte, was er als Gefangener über die Machenschaften Boruds erfahren hatte. Außerdem hatte er Gespräche aufgeschnappt, die ihn vermuten ließen, dass die ›Langen‹ nur einige Tagesmärsche entfernt im Osten ein größeres Lager errichtet hatten, in dem sich 30 bis 40 Krieger aufhielten.

Nun breitete sich Stille aus. Die Männer und Frauen des Rates blickten sich ernst an, keiner sagte ein Wort.

Schließlich wandte sich der alte Mann an Amelie: »Und du? Möchtest du noch etwas hinzufügen?« Amelie wurde rot, als sie unversehens im Mittelpunkt der Aufmerksamkeit stand, und ihre Kehle war wie zugeschnürt.

»Jemand soll Ussali Bescheid geben, dass Rokai lebt«, platzte sie hastig heraus.

Der Alte lächelte und rief erneut einen Jäger herbei, der die Nachricht überbringen sollte. »Aber er hat seit Tagen sein Zelt nicht mehr verlassen«, widersprach dieser, »er ist völlig wirr im Kopf. Ich weiß nicht, ob er überhaupt verstehen wird, was ich zu ihm sage.«

Der Alte machte eine unwirsche Handbewegung. »Bring ihn trotzdem her. Trag ihn, wenn es sein muss – meinetwegen auch gefesselt. Aber schaff ihn herbei!«

»Nun zu euch«, fuhr er fort, »wir haben vernommen, was ihr zu sagen hattet. Wir werden beraten, wie weiter vorzugehen ist. Solange steht ihr unter Bewachung. Ihr werdet euch bei Tikkara aufhalten, der Frau des Wächters, die ihr vorhin schon kennengelernt habt. Lasst eure Wunden versorgen und esst und trinkt, damit ihr wieder zu Kräften kommt! Tikkara ist eine hervorragende Heilerin – und eine noch bessere Köchin«, zwinkerte er ihnen zu.

Die drei waren froh, den wachsamen und strengen Augen der Ratsmitglieder endlich zu entkommen. Tikkara nahm sie lächelnd in Empfang. Der alte Mann hatte nicht zu viel versprochen. Sie versorgte erneut die Wunden von Rokai und Sitoga und mästete sie regelrecht mit den schmackhaften Speisen, von denen sie vor der Versammlung bereits gekostet hatten.

Auf einmal vernahmen sie von draußen tumultartigen Lärm. Stimmen wurden laut, jemand brüllte auf wie ein Moschusochse und dann stürzte Ussali herein – mit solcher Gewalt, dass er fast das Zelt umgeworfen hätte.

»Vater!«, schrie Rokai und schon lagen sich die beiden in den Armen. »Rokai, du lebst!«, stammelte der bärenstarke Ussali unter Tränen und streichelte das Gesicht seines Sohnes.

Tikkara winkte Amelie und Sitoga nach draußen. »Lassen wir die beiden für eine Weile allein«, raunte sie ihnen zu, »meine Tochter ist heute Abend ebenfalls bei der Versammlung. Wir können in ihr Zelt hinübergehen.«

Den beiden Mädchen fiel es zunehmend schwerer, die Augen offen zu halten. Zu viel war in den letzten Stunden geschehen, und die entbehrungsreichen Gewaltmärsche der vergangenen Tage taten ein Übriges. Tikkara richtete rasch zwei Lager her, und die Mädchen kamen endlich wieder in den Genuss von weichen, warmen und sauberen Fellen. Sie sanken fast sofort in tiefen bleischweren Schlaf.

Von der Frau des Wächters wurden sie geweckt. »Die Versammlung hat die ganze Nacht hindurch beraten. Jetzt will der Hohe Rat euch sehen«, teilte sie ihnen mit. Schlaftrunken wankten die beiden Mädchen in die morgendliche Kälte hinaus. Rokai gesellte sich ebenfalls dazu. Das Feuer der Ratsversammlung war heruntergebrannt und die Mitglieder wirkten müde und übernächtigt.

Der alte Mann winkte sie in den Kreis und hob gerade zu einer Rede an, als plötzlich der Schamane aufstand und ihm ins Wort fiel: »Lasst mich zuerst sprechen!« Erschreckt fuhren die drei zusammen, als er vor ihnen stand. Mit den verschränkten Armen und dem mürrischen Gesicht wirkte er so abweisend wie eh und je.

»Der Hohe Rat hat seine Entscheidungen getroffen«, begann er. »Bevor die Beschlüsse verkündet werden, habe ich aber noch etwas mitzuteilen.« Amelie und Sitoga machten sich auf das Schlimmste gefasst. Umso überraschter waren sie daher, als der Schamane fortfuhr: »Ich habe Schuld auf mich geladen und bitte euch und alle anderen aus dem Lager der ›Leute vom Großen Fels‹ dafür um Vergebung. Borud hat mit seinen niederträchtigen Ränken und berechnenden Behauptungen meine Eitelkeit herausgefordert – und ich habe mich davon beeinflussen lassen. Ich hätte seine Beschuldigungen und seine Beweggründe gründlicher überprüfen müssen. Stattdessen habe ich den Weisen Rat unseres Lagers zu falschen Entscheidungen gedrängt.«

Als er seine Rede fortsetzte, stahl sich ein winziges Lächeln auf das sonst so düstere Gesicht: »Ich muss euch sogar dankbar sein, dass ihr euch über meine Befehle hinweggesetzt habt und zurückgekommen seid, um uns zu warnen. Wenn diese Zusammenkunft beendet ist, werde ich alle meine Aufgaben niederlegen. Zuvor widerrufe ich jedoch kraft meines Amtes die Urteile gegen Amelie und Sitoga. Natürlich nehme ich auch gerne zurück, dass ich Rokai für tot erklären ließ. Möge die

Versammlung die Vorkommnisse neu beurteilen und zu eigenen Entscheidungen gelangen. Möge die Versammlung einen neuen Schamanen für die ›Leute vom Großen Fels‹ berufen.«

Er verbeugte sich und kehrte auf seinen Platz zurück. Erneut tauschten die Mitglieder untereinander beredte Blicke aus, und nun war es der Alte, der das Wort ergriff:

»Es ist viel gesprochen worden vergangene Nacht und viel wird noch zu entscheiden sein. Was euch drei betrifft, sind wir uns alle einig und schließen uns dem Schamanen an: Wir danken euch, dass ihr uns gewarnt habt. Wir hatten schon länger den Verdacht, dass es in unseren Reihen einen Verräter geben muss, aber euch ist es letztlich gelungen, den Beweis für Boruds Schuld zu erbringen.

Leider ist er nicht aufzufinden. Er hat sicher Helfer, die ihm eure Ankunft gemeldet haben, sodass er rechtzeitig fliehen konnte. Aber die Jäger verfolgen ihn bereits. Eine Durchsuchung seines Zeltes hat die von euch beschriebenen Schmuckstücke zutage gefördert und noch anderes belastendes Material. Ohne euer Eingreifen hätte er sein übles Spiel weiter treiben und uns allen noch größeren Schaden zufügen können.

Die Urteile gegen euch sind hiermit aufgehoben. Amelie ist ein Mitglied unseres Volkes, auf das wir stolz sind. Sie ist mit Sicherheit kein Dämon, obwohl ich die seltsamen Gegenstände, die verbrannt worden sind, zu gerne selbst gesehen hätte.« Er lächelte sie an, und Amelie schoss prompt wieder die Röte ins Gesicht.

»Sitoga ist gegen unsere Gesetze Amelie gefolgt, als diese in Not war, ohne dabei auf sich selbst Rücksicht zu nehmen. So eine Freundin kann sich jeder von uns nur wünschen!

Rokai ist während seiner Jagdprüfung von Feinden entführt worden. Er hat die Misshandlungen tapfer durchgehalten und für uns wertvolle Gespräche der ›Langen‹ belauscht. Wir sind uns alle einig, dass er die Prüfung ausgezeichnet bestanden hat. Die ungewöhnlichen Umstände seiner Aufnahme in die Reihen der Jäger lassen auf große künftige Taten schließen.«

Rokai strahlte vor Stolz und Freude.

»Nun steht es euch dreien frei, wie und wo ihr in Zukunft leben wollt. Falls ihr nicht zu den ›Leuten vom Großen Fels‹ zurückkehren möchtet, wird euch jede der hier versammelten Gruppen sehr gerne aufnehmen. Überlegt es euch gut!«

Mit einer Handbewegung gab er ihnen zu verstehen, dass sie entlassen waren. Nachdenklich verließen sie die Versammlung.

Einundzwanzig

Kaum waren sie außerhalb des Kreises, stürzten Ussali, An-Oni, Venti, Senta und viele andere der ›Leute vom Großen Fels‹ auf sie zu und bejubelten sie ausgelassen. Die drei Jugendlichen wehrten sich nicht, als sie sie zu ihrem Lager unterhalb der Höhle schleppten. Immer wieder wurden sie beglückwünscht und willkommen geheißen. Menschen, die Amelie zuvor mit Misstrauen begegnet waren, schüttelten ihr jetzt verschämt die Hand, manche entschuldigten sich sogar.

Ussali hatte zu seiner alten Fröhlichkeit zurückgefunden und gebärdete sich in seinem Stolz auf Rokai dermaßen übermütig und kindisch, dass dieser mehr als einmal peinlich berührt laut aufstöhnte.

In der vertrauten Umgebung ihres alten Lagers bereiteten die Leute für sie ein großes Festessen vor. Keiner der drei wünschte sich, irgendwo anders zu sein: Genau hier waren sie zu Hause, mit genau diesen Menschen wollten sie zusammenleben.

Im Laufe des Abends erfuhren sie weitere Einzelheiten. Inzwischen waren zwei von Boruds Helfern ermittelt und gefangen genommen worden. Einer davon war Alon.

Es wurde bereits eine Mannschaft aus vielen Jägerinnen und Jägern zusammengestellt, die ausgeschickt werden sollten, um das Hauptlager der ›Langen‹ ausfindig zu machen und es zu umstellen. Sie sollten ihnen die Botschaft des Rates überbringen, dass sie sich unverzüglich aus dem Gebiet der hier lebenden Gruppen zurückzuziehen hätten, andernfalls würde ihnen der Krieg erklärt.

Die Versammlung hatte die Entscheidung, was mit dem Zauberer geschehen sollte, den ›Leuten vom Großen Fels‹ überlassen. Noch in der Nacht wurde darüber im Lager diskutiert und entschieden, den Schamanen wieder in seine Ämter einzusetzen. Außer bei den Fehlern, die er ja bereits selbst erkannt hatte, hatte er die Gruppe nie im Stich gelassen und meist gut beraten. Es war anzunehmen, dass er aus seinen Fehlern lernen und in Zukunft vielleicht auch etwas umgänglicher sein würde.

Zwei Tage später kehrten die Jäger zurück, die Borud hätten gefangen nehmen sollen. Sie berichteten, dass sie seiner Fährte bis zum Lagerplatz der ›Langen‹ gefolgt seien, aus dem Amelie und Sitoga Rokai befreit hatten. Dort habe sich ein grauenhafter Anblick geboten. Borud hatte offensichtlich seine ›Freunde‹ angetroffen und ihnen erzählt, was geschehen war. Vielleicht hatte er sie auch gebeten, bei ihnen bleiben zu dürfen. Für die ›Langen‹ war er als Spion nun aber nutzlos. Sie hatten ihn gefesselt und gefoltert. Anscheinend wollten sie noch ein paar nützliche Geheimnisse aus ihm herauspressen. Dann hatten sie ihm die Kehle durchgeschnitten und ihn einfach liegen gelassen.

Boruds Leiche war bereits von Tieren übel zugerichtet worden, als die Jäger ihn fanden. Die Verletzungen und Brandwunden durch die Folter waren aber noch deutlich genug zu sehen. Die ›Langen‹ hatten ihr Lager in aller Eile abgebrochen und waren geflohen. Bestimmt rechneten sie mit dem baldigen Auftauchen der feindlichen Krieger aus Boruds Gruppe.

Die nächste Zeit war für die drei Jugendlichen äußerst anstrengend. Reihum wurden sie in die Zelte eingeladen und mussten von ihren Abenteuern erzählen. Langsam schlich sich jedoch auch der Alltag wieder ein. Amelie war froh, sich nun häufig um Uri kümmern zu dürfen, der begeistert an ihr hing und das Leben im Lager nahm mehr und mehr seinen gewohnten Gang.

Die große Anzahl der nunmehr hier versammelten Menschen machte sich deutlich bemerkbar. Fast jeden Abend fand irgendwo ein Fest statt: Hier wurde der Zusammenschluss zweier Kleingruppen zu einer größeren gefeiert, dort wurde Hochzeit gehalten. Verwandte sahen sich nach Jahren der Trennung wieder, Freundschaften wurden erneuert. Es wurde mit Werkzeugen, Jagdwaffen und Schmuck gehandelt, Neuigkeiten ausgetauscht, getratscht und Geschichten erzählt.

Amelie kam sich manchmal vor wie auf einem großen Marktplatz, auf dem Tag und Nacht emsiges Gedränge herrschte.

Häufig zog sie sich in die Ruhe und Geborgenheit von An-Onis Zelt zurück und spielte stundenlang mit Uri.

Eines Nachts träumte sie nach langer Zeit wieder einmal von ihren Eltern, ihren Schulfreundinnen und dem Haus, in dem sie gewohnt hatte. Als sie aufwachte, verspürte sie heftiges Heimweh und merkte an ihrem nassen Gesicht, dass sie im Schlaf geweint hatte. Sie fühlte sich zwar wohl bei den ›Leuten vom Großen Fels‹, aber auch die liebevolle An-Oni und der mittlerweile wieder herzliche Ussali konnten ihr nicht die Eltern ersetzen.

Würde sie sie je wiedersehen? Was dachten sie wohl? Wie unglücklich mussten sie sein, dass ihr Kind spurlos verschwunden war! Erneut kamen ihr die Tränen und sie weinte sich in den Schlaf.

Die Träume kehrten hartnäckig auch in den folgenden Nächten wieder. Amelie empfand sie als grausam, da sie nichts dagegen tun konnte. Sie war hin- und hergerissen. Schließlich traf sie keine Schuld, dass sie in der Steinzeit gestrandet war. Und es gab auch keine Möglichkeit, zurückzukehren, oder? Und würde sie das überhaupt wollen? Sitoga und alle Menschen, die ihr hier so wichtig waren, zurücklassen?

Sie vertraute sich der Freundin an, aber auch diese wusste keinen Rat. »Vielleicht sollten wir Che'Gwoia aufsuchen und sie fragen, was die Träume zu bedeuten haben«, überlegte sie laut.

Sie beschlossen, in der kommenden Nacht nochmals an den Wächtern vorbeizuschleichen, um in die Höhle zu gelangen.

Zweiundzwanzig

In der Aufregung des nächsten Tages vergaßen sie jedoch ihr Vorhaben. Bei Tagesanbruch scholl der ersehnte Ruf »Die Herden kommen! Die Herden kommen!« über das Tal.

Im Nu waren alle auf den Beinen. Die riesigen Rentierherden, die den Sommer über im nördlichen Grasland vor der Eisbarriere geweidet und ihre Jungen bekommen hatten, machten sich auf den Weg in die Winterquartiere. In den südlich gelegenen weiten Ebenen war der Winter zwar teilweise noch grimmiger als am Eisrand, aber gegen Sturm und Kälte waren die zähen Tiere durch ihr dichtes Fell und die im Sommer angefressene Fettschicht ausreichend geschützt. Das Problem an den nördlichen Weiden war, dass dort in der kalten Jahreszeit zu viel Schnee lag. Die Rentiere konnten kein Futter mehr finden und hätten verhungern müssen. Der Süden dagegen war wesentlich trockener und die wenigen Flocken, die dort fielen, wurden von den heftigen Winterstürmen rasch fortgeweht.

Also wechselten sie zweimal im Jahr ihre Weideplätze. Im Frühjahr zogen die geschwächten, ausgemergelten Tiere nach Norden in die fruchtbaren Hochebenen vor den Gletschern und fraßen sich mit dem dort wachsenden fetten Gras die nötigen Speckvorräte an. Im Spätherbst, noch bevor die ergiebigen Schneefälle einsetzten, machten sie sich auf den langen Weg nach Süden.

Das war die beste Jagdzeit für die ›Leute vom Großen Fels‹. Die Tiere hatten viel Fleisch und Fett angesetzt. Das Fell war dicht und widerstandsfähig und ließ sich gut verarbeiten.

Amelie lief mit allen anderen zu der Stelle, an der das Hochtal in ein größeres mündete. Dort hatten in den vergangenen Wochen die Menschen bereits aus langen Steinmauern Hindernisse errichtet, mit denen sie einen Teil der Tiere in ihr Tal und damit in die Nähe ihrer Lager abdrängen wollten. Die Barrieren waren fast mannshoch und mit Knüppelholz und Gebüsch verstärkt.

Die Jäger warteten schweigend und gespannt im Schutz der Mauern. Nach einer Ewigkeit, wie es schien, lag endlich ein seltsames Summen in der Luft.

»Sie kommen«, wisperte Sitoga unnötigerweise zu Amelie. Der Laut verstärkte sich, wurde tiefer, und schließlich zitterte die Luft vom Stampfen unzähliger Hufe. Vielfaches Blöken war zu vernehmen und nun sahen sie in einer Staubwolke die ersten Tiere auftauchen. Ohne Eile zogen sie dahin, gemächlich zupften sie da und dort am Gras.

Mehr und mehr wurden es und schließlich war das Tal in seiner gesamten Breite gefüllt. Der Anblick war überwältigend. Es mussten Hunderttausende sein, die da heranzogen. Die meisten trugen bereits das helle Winterfell. Das dumpfe Klirren der aneinander schlagenden Geweihe, das Blöken und Stampfen der Hufe erzeugten einen ohrenbetäubenden Lärm.

Zitternd vor Aufregung duckte sich Amelie mit Sitoga hinter die Mauer und spähte durch die Spalten zwischen den Steinen.

Die vordersten Rentiere zögerten nun, hoben unruhig die Nasen in den Wind und warfen ängstlich die Köpfe zurück. Instinktiv spürten sie, dass ihnen Gefahr drohte.

Unbarmherzig wurden sie von den Nachdrängenden weitergeschoben.

Als die Ersten die Mauern erreicht hatten, erkannte Amelie, wie gut durchdacht die Barrieren angelegt waren. Der Großteil der Tiere konnte unbehelligt daran vorbeiziehen. Für diejenigen, die sich am rechten Rand der Herde bewegten, war der Weg nach vorne aber versperrt. Ein Ausweichen war durch die ungeheure Menge der Tiere nicht möglich.

Manche versuchten ängstlich, umzukehren, wurden aber durch die Nachfolgenden weiter vorwärts geschoben. Nur der Weg entlang der Mauer in das abzweigende Tal war möglich. Ein Ren geriet in Panik, verdrehte die Augen und versuchte vergeblich, die Mauer zu überspringen. Als es sich umdrehte, sprang es anderen auf den Rücken und wie eine Welle übertrug sich die Angst auf eine immer größer werdende Tiergruppe.

Jetzt war der Augenblick der Jäger gekommen. Mit lautem Geschrei erhoben sie sich hinter den Mauern und stachen mit ihren Speeren auf die Rentiere ein. In wilder Flucht stoben viele ins Tal davon, wo weitere Menschen auf sie warteten, um sie zu erlegen. Amelie sah Sitogas Schwester Venti mitten im Gewühl der Tiere.

Einige lagen bereits am Boden und ihr Blut färbte das Gras ringsum rot. Die keuchenden Schreie der Sterbenden gellten grausam in Amelies Ohren und voller Abscheu sah sie dem Gemetzel zu. Auch Sitoga befand sich mittendrin, die Beine bis zu den Knien rot vom Blut. Die Hände musste sie ständig an ihren Kleidern abwischen, um ihren glitschig triefenden Speer sicher halten zu können.

Kurz dachte Amelie daran, wie viel Arbeit anschließend auf sie alle wartete, um das Fleisch haltbar zu machen und die Felle zu verarbeiten. Sie war inzwischen lange genug hier, um genau zu wissen, wie wichtig die getöteten Rentiere für das Überleben der Menschen waren.

In den Hauptteil der Herde kam nun Bewegung. Die Tiere versuchten, den Jägern auszuweichen und in die Mitte des Tales vorzudringen. Aber immer mehr rückten nach und wurden mit schmerzhaften Speerstichen zu den Lagern hin in ihr Verderben abgedrängt. Eine der Mauern hielt dem Druck der anstürmenden Rentiere nicht mehr stand und brach zusammen. Die dahinter stehenden Jägerinnen brachten sich schnellstens in Sicherheit, bevor ein Teil der Tiere über die Bresche sprang und zurück zur Herde gelangte.

Amelie hielt den Atem an, als sie sah, wie einige Jäger den gefährlichen Versuch unternahmen, die Lücke zu schließen und die Ausbrecher zurückzudrängen. Sie entgingen nur knapp den scharfen Hufen.

Plötzlich sah sie Uri auf dem gegenüberliegenden Steinwall stehen. Er hüpfte auf und ab und winkte freudig zu ihr herüber. Wie war er dort hingelangt? Er musste das Durcheinander im Lager ausgenutzt haben, um sich wegzuschleichen. Amelie konnte keine Erwachsenen bei ihm entdecken. Alle waren wie sie selbst an der hangseitigen Mauer damit beschäftigt, die Beute in die gewünschte Richtung zu treiben.

Bevor sie jemanden auf Uri aufmerksam machen konnte, verlor dieser das Gleichgewicht. Entsetzt und hilflos musste sie zusehen, wie er zwischen die stampfenden Leiber stürzte und dazwischen verschwand. Ohne nachzudenken sprang sie über die Mauer und kämpfte sich bis zu ihm durch. Sie bekam ihn zu fassen und zog ihn an sich, um ihn aus dem Gefahrenbereich zu bringen. Inzwischen hatten auch andere ihre verzweifelten Anstrengungen bemerkt und versuchten, zu ihr zu gelangen.

Als sie schon glaubte, es geschafft zu haben, erhielt sie einen gewaltigen Stoß und fiel zu Boden. Sie warf sich schützend über Uri, bevor die schweren Tiere über sie hinwegtrampelten.

Sie erwachte auf ihrem Lager in An-Onis Zelt. Sie musste sehr tief geschlafen haben, denn sie war noch ganz benommen. Rote Nebelschleier waberten vor ihren Augen. Nach und nach nahm sie die vertrauten Gerüche wahr. Irgendetwas war heute anders. Sie konnte ihre Beine nicht bewegen und ihr rechter Arm schien irgendwo angebunden zu sein.

Mit der Wucht einer Explosion stürzten die Erinnerungen auf sie ein: die Rentiere, Uri, der Rettungsversuch.

Gellend schrie sie auf und sofort waren An-Oni und Sitoga an ihrer Seite und hielten sie fest. »Was ist mit Uri?«, schluchzte sie mit panikerfüllter Stimme.

»Pssst!«, beruhigte sie An-Oni, »Uri geht es gut. Er hat eine tiefe Schramme am Arm, aber das ist nicht weiter schlimm. Er spielt schon wieder mit den Stöckchen, die du für ihn geschnitzt hast.« Sie lächelte sie liebevoll und gleichzeitig traurig an. »Du hast ihn gerettet.«

Erleichtert seufzte Amelie auf. »Gut«, murmelte sie schwach. Jetzt erst erkannte sie, dass Sitogas Gesicht nass von Tränen war. »Was ist denn los?«, nuschelte sie undeutlich. Sie kämpfte gegen die dichter werdenden Nebel an.

»Wir glaubten, du seist tot, als wir Uri unter dir hervorzogen«, weinte Sitoga.

»Tot?«, murmelte Amelie verwirrt, bevor sie erneut in tiefe Bewusstlosigkeit versank.

Sie hatte überhaupt kein Zeitgefühl mehr. Benommen nahm sie Stimmen, Weinen, bekümmerte Gesichter um sich herum wahr. Einmal meinte sie sogar, ihre besorgten Eltern neben sich zu sehen. Dann wieder war sie von blendendem Weiß umgeben. Sie vernahm Geräusche, die sie an etwas lange Vergessenes erinnerten.

Eines Abends zerrissen die Nebelschleier und sie war bei klarem Bewusstsein. Sie spürte keinen Schmerz. »Sitoga«, flüsterte sie rau. Sofort beugte die Freundin sich über sie. »Was ist geschehen?«

»Die Rentiere haben dich schwer verletzt, als sie über dich hinweggestürmt sind«, begann sie bekümmert. »Dein Arm ist mehrfach gebrochen und vielleicht wirst du deine Beine nie mehr richtig gebrauchen können«, schluchzte sie. »Mutter sagt, du hast innere Verletzungen, die sie nicht behandeln kann.« Sie verbarg ihr Gesicht in den Händen. »Ich will nicht, dass du stirbst!«, stieß sie heftig hervor und stürmte aus dem Zelt.

Kurze Zeit später öffnete sich der Eingang erneut. Che'Gwoia wurde hereingetragen. Die Männer setzten das Traggestell, auf dem sie saß, neben ihrem Lager ab und zogen sich leise zurück. Lange zeigte Che'Gwoia keine Regung. Dann beugte sie sich vor und ergriff Amelies unverletzte Hand.

»Mein Kind«, murmelte sie zärtlich.

Amelie blickte in das zerfurchte Gesicht der uralten Frau.

»Es wird bald Zeit für dich, zu gehen. Halte an nichts fest, lass es einfach geschehen!«

»Aber was passiert denn jetzt mit mir?«, flüsterte sie voller Angst.

»Hab Vertrauen, Amelie! Ich kann es dir nicht erklären. Aber achte auf deinen Pferd-Geist! Er wird dich sicher führen. Auch ich werde im Geiste bei dir sein.«

Sie begann, Beschwörungen zu murmeln, die sich wie Gebete anhörten. Zusehends versank sie in Entrückung und wiegte sich vor und zurück. Seltsamerweise spürte Amelie, wie ihre Angst weniger wurde und schließlich ganz verschwunden war.

Sie musste eingenickt sein, denn als sie erwachte, war Che'Gwoia nicht mehr da. Stattdessen knieten An-Oni, Ussali und Sitoga neben ihr. Uri zupfte sie am Ärmel und brabbelte Unverständliches.

Lächelnd strich sie ihm mit der gesunden Hand über den Kopf, was ihn zufrieden glucksen ließ. »Wir wissen Bescheid, Amelie«, sagte An-Oni leise. »Leb wohl, wir werden dich niemals vergessen«, verabschiedete sie sich und legte ihr zärtlich die Hand an die Wange.

»Hab Dank für alles, was du für uns getan hast«, polterte Ussali rau, »wenn ich mir eine Tochter wünschen dürfte, würde ich mir genau dich auswählen.« Er beugte sich über sie und drückte ihr einen Kuss auf die Stirn.

Nun kam Rokai herein und zusammen mit Sitoga hob er sie vorsichtig auf eine vorbereitete Trage. Gemeinsam bugsierten sie sie hinaus. Das Bild von An-Oni und Ussali, die eng umschlungen vor dem Zelt standen und ihnen nachblickten, prägte sich Amelies Gedächtnis für alle Zeiten ein.

Die beiden Freunde trugen sie schweigend aus dem Lager. »Wohin bringt ihr mich?«, fragte Amelie undeutlich. Sitoga ging nicht darauf ein. Stattdessen erkundigte sie sich besorgt: »Kannst du die Schmerzen aushalten? Sollen wir langsamer gehen?«

Aber sie fühlte keinen Schmerz. Eigentlich spürte sie ihren Körper überhaupt nicht mehr. Sie konnte nicht einmal sagen, ob ihr warm oder kalt war. Sie genoss den gewaltigen klaren Sternenhimmel über sich. Die schwarzen Scherenschnitte der Felsen und hohen Berggipfel, an denen sie vorübergetragen wurde. Und die Nähe der Freunde, deren angestrengtes Atmen sie überlaut vernahm.

Schließlich setzten Sitoga und Rokai die Trage ab. Nun erkannte Amelie, dass sie im Tal der kleinen Seen angelangt waren. Genau an der Stelle, an der Sitoga sie damals gefunden hatte.

Rokai kam zu ihr und beugte sich unbeholfen über sie. Ganz zart berührten seine Lippen die ihren. Sein Gesicht brannte vor Verlegenheit. Er musste sich zusammennehmen, um ihr in die Augen blicken zu können. »Du … ich …«, stammelte er, »also … ich hatte gehofft, wir hätten mehr Zeit miteinander verbringen dürfen – vielleicht sogar ein ganzes Leben«, brachte er stotternd hervor. Amelie drückte wortlos seine Hand. Schließlich riss er sich von ihrem Anblick los und verschwand in der Nacht.

Sitoga setzte sich neben sie und sah sie unverwandt an. »Genau hier hat es angefangen«, sprach sie ernst, »nur wir beide.«

»Ja, nur wir beide«, antwortete Amelie. »Aber damals konnte ich nicht einmal aus einem Wasserschlauch trinken, und du hast mich gefangen genommen.« Sie lächelten bei der Erinnerung an ihre erste Begegnung.

Ein leiser Wind kam auf und zeichnete seltsame Wellenmuster in das Gras.

»Jetzt nimmst du mich völlig gefangen«, fuhr Sitoga nachdenklich fort. »Werden wir uns jemals wiedersehen?«

»Ja, ganz bestimmt!«, flüsterte Amelie energisch, »das verspreche ich dir. Wenn nicht in diesem, dann auf jeden Fall in einem anderen Leben!«

Lange Zeit schwiegen sie.

Sitoga beugte sich vor und drückte ihr einen kleinen Gegenstand in die Hand. »Die hier habe ich für dich geschnitzt. Sie soll dich beschützen.« Amelie betrachtete voller Freude das glänzende Frauenfigürchen. Es bestand aus einem dunklen Material, das an Stein und Holz erinnerte. Oben war ein Loch gebohrt, durch das Sitoga ein Lederband gezogen hatte. »Sie ist wunderschön«, hauchte sie gerührt.

»Sie hat einen dicken Hintern«, widersprach Sitoga und verzog das Gesicht, »besser habe ich sie nicht hinbekommen.« Sie lachten beide.

Als Amelie wieder schläfrig wurde, kuschelte sich Sitoga eng an ihre Seite und schlang fest die Arme um sie.

Dreiundzwanzig

»Dr. Gerges, bitte im OP melden! Dr. Gerges, bitte!« Die schnarrende Stimme aus dem Lautsprecher war das Erste, was sie bewusst wahrnahm. Etwas unter ihr rüttelte und ruckelte und als sie die Augen aufschlug, erblickte sie eine schäbige Krankenhausdecke mit flackernden Neonröhren, die über ihr vorbeizog. »Ah, die Prinzessin wacht auf!« Ein bärtiges Gesicht schob sich verkehrt herum über sie und blickte sie an. »Keine Angst, du bist im Krankenhaus, und ich bin der Klaus, dein persönlicher Leib-und-Leben-Sanitäter«, witzelte der Bärtige. »Jetzt geht es zum Computer-Tomographen und dann werden dich die Ärzte gründlich durchchecken.« Zu ihren Füßen öffnete sich eine breite Schiebetür mit einem gelben Röntgensymbol, und die fahrbare Krankentrage rollte hindurch. Amelie runzelte unwillig die Stirn, als sie merkte, dass sie darauf festgeschnallt war. »Gleich kommt jemand, der sich um dich kümmert«, und schon war der Sanitäter verschwunden. Die Tür glitt hinter ihm zu und sie war allein. Sie versuchte, den Kopf zu drehen, soweit die Gurte das zuließen und erblickte neben sich eine Apparatur, die Ähnlichkeit mit einer Waschmaschine hatte. Nur, dass diese hier riesig war und bis zur Decke reichte.

Eine schmale Tür dahinter öffnete sich und ein abgekämpft aussehender, schmächtiger junger Mann kam herein. Im ersten Moment glaubte sie, Alon zu sehen.

»Hallo, ich bin Dr. Retz«, stellte er sich vor und schüttelte ihr die Hand, wobei ihm ein Stapel Blätter entglitt und sich gleichmäßig über den Boden verteilte. Als er sie umständlich aufgesammelt hatte, schob er seine Brille zurecht und warf einen flüchtigen Blick auf die oberste Karte. »So, du bist also Christina Neumaier mit Verdacht auf Oberschenkelhalsbruch. Hm, nach meinen Unterlagen müsstest du 86 Jahre alt sein.« Er seufzte. »Moment, ich habe die falsche Akte erwischt.«

Er kramte eine Weile im Nebenraum herum und steckte dann seinen Kopf durch die Tür. »Wie heißt du eigentlich?«

»Amelie«, antwortete sie verwirrt.

Der Kopf verschwand und kehrte kurz darauf samt zugehörigem Körper wieder. Siegessicher schwenkte der Arzt eine weitere Mappe. »Amelie Pinksteiner«, rief er triumphierend, »da haben wir 's!«

»Also, du bist heute Morgen in der Schule ohnmächtig geworden. Wir röntgen jetzt deinen Kopf, um zu gucken, ob da alles in Ordnung ist.«

»Heute Morgen?«, fragte Amelie verblüfft.

»Als du nicht gleich wieder aufgewacht bist, hat deine Lehrerin einen Krankenwagen angefordert. Deine Eltern wurden ebenfalls benachrichtigt und sind bestimmt gleich da«, fuhr er fort, »aber hier dürfen sie sowieso nicht herein. Deshalb fangen wir jetzt am besten an. Kannst du aufstehen und dich auf die Liege dort drüben legen?«

»Nein«, antwortete Amelie nüchtern, »nicht, solange ich hier festgebunden bin.«

»Ach so, ja, natürlich, entschuldige bitte«, stotterte der Arzt und befreite sie von der Rollbahre, »die Sanitäter müssen alle Patienten beim Transport festschnallen. Das ist Vorschrift.«

Die Situation kam ihr immer unwirklicher vor. Wo war Sitoga? Der Sternenhimmel und das Tal der kleinen Seen? Ein albernes Lachen stieg in ihrer Kehle auf. »Das macht gar nichts«, kicherte sie gegen ihren Willen, »ich habe mich schon fast daran gewöhnt, gefesselt zu werden.«

Dr. Retz musterte sie irritiert und brachte darauf lediglich ein nicht besonders schlau wirkendes »Äh …« heraus.

Nachdem sie sich auf eine Art übergroßen Schubladenauszug gelegt hatte, wurde sie schon wieder festgeschnallt. Über ihr Gesicht stülpte Dr. Retz ein Gestell, das Ähnlichkeit mit einem Käfig hatte. »Damit dein Kopf beim Röntgen nicht verrutscht. Ich lasse dich jetzt allein und beobachte alles durch die dicke Scheibe dort drüben. Du wirst jetzt in den Computer-Tomographen geschoben und das Innere deines Kopfes wird Schicht für Schicht fotografiert. Es wird ziemlich laut werden, aber es tut überhaupt nicht weh.« Der Arzt redete mit ihr wie mit einem Kleinkind.

Nach dieser Prozedur musste sie sich in ein Klinikbett legen und wurde wieder durch endlose Gänge in ein Krankenzimmer gefahren. Dort warteten ihre Eltern auf sie. »Mama! Papa!«, rief sie unter heißen Glückstränen, »ich habe euch so vermisst!«

Ihre Mutter nahm sie in die Arme. »Wir sind sofort hierher gekommen, als uns die Schule Bescheid gesagt hat, Liebes.«

»Mir kam es wie viele Wochen vor«, murmelte sie müde. Zum ersten Mal war sie sich nicht mehr sicher, ob sie das alles nicht nur geträumt hatte. War sie tatsächlich in der Steinzeit gewesen? Vielleicht war in ihrem Kopf doch etwas nicht ganz richtig …

Die Tür öffnete sich und Dr. Retz kam herein. In der Hand hielt er ein Bündel Röntgenbilder, die er auf Amelies Bett ausbreitete. »Also in deinem Gehirn ist alles genau so, wie es sein sollte. Es gibt keinerlei Auffälligkeiten. Bist du schon früher einmal ohnmächtig geworden?« Amelie schüttelte den Kopf und auch ihre Mutter verneinte.

»Nun, dann brauchen Sie sich wohl keine Sorgen zu machen«, wandte er sich an ihre Eltern, »in der Pubertät kann es bedingt durch die hormonelle Umstellung und das schnelle Wachstum vor allem bei Mädchen schon hin und wieder …«

Amelie hörte nicht mehr zu. Sollten Sitoga und die ›Leute vom Großen Fels‹ bloß Einbildung gewesen sein? Ein reines Hirngespinst, das sie sich ausgedacht hatte? Ohne darüber nachzudenken, tastete sie nach ihrem Pferdchen. Ihr Vater bemerkte die Bewegung und reichte es ihr. »Hier, Opas Pferdchen haben die Sanitäter dir im Krankenwagen abgenommen.«

Er zögerte, kramte nochmals in seiner Tasche herum.

»… und das hier haben sie ebenfalls bei dir gefunden. Was ist das und wo hast du es her?« Mit diesen Worten zog er Sitogas Frauenfigürchen heraus und hielt es ihr hin. Lächelnd schloss sie die beiden Glücksbringer in ihre Hand und lehnte sich überglücklich zurück.

»Das erzähle ich euch alles später, wenn wir zu Hause sind.«

Fakten oder Fiktion?

Die Geschichte von Amelie und ihrer Freundin Sitoga spielt vor etwa 12.000 Jahren, gegen Ende eines Zeitabschnitts, den die Wissenschaftler als ›Jungpaläolithikum‹ bezeichnen. Also fast 7000 Jahre, bevor sich Ötzi, der Mann vom Hauslabjoch, auf seinen letzten Weg machte.

Die ›Leute vom Großen Fels‹ lebten damit in der letzten Phase der Altsteinzeit und waren trotzdem moderne Menschen – genau wie wir: Könnten wir das Baby Uri in unsere Zeit herüberholen, würde es genauso aufwachsen wie die heutigen Kinder. Es ginge entsprechend seinem Alter in den Kindergarten und zur Schule, würde eine Ausbildung durchlaufen und dann einen Beruf ergreifen. Niemand könnte Uri von einem Menschen von heute unterscheiden.

Betrachtet man die Zeitspanne seit der Entstehung des Lebens vor vermutlich 2,5 Milliarden Jahren, ist die Entwicklung von der Steinzeit bis heute nur ein winzig kleiner Augenblick: Wollte man die Geschichte des Lebens mit einem Seil darstellen, wären die 12.000 Jahre, die zwischen Sitogas und Amelies Geburt liegen, etwa einen Schritt lang; das gesamte Seil jedoch würde von Meran bis nach Venedig[1] reichen.

Trotzdem liegt die Steinzeit aus unserer Sicht natürlich schier unendlich lange zurück. Die Leute damals haben uns keine schriftlichen Aufzeichnungen hinterlassen. Die Erzählungen, Legenden und Lieder sind im Lauf der Jahrtausende verloren gegangen, wie es Che'Gwoia in der Geschichte voraussagt. Wir wissen daher nicht mehr, wie die Menschen tatsächlich gelebt haben. Welche Namen sie hatten, welche Sagen und Mythen sie sich erzählt haben, an was sie geglaubt und wovor sie sich gefürchtet haben. Lebten Männer und Frauen gleichberechtigt zusammen? Gab es eine strenge Aufgabenteilung, oder hat jede und jeder einfach das gemacht, was er oder sie am besten beherrschte? Lebten sie im Streit mit ihren Nachbarn oder waren die Gruppen so weit verstreut, dass jede Begegnung mit einem rauschenden Fest gefeiert wurde? Haben nur die Männer die Tiere gejagt, oder haben an dieser überlebenswichtigen Aufgabe

1 Wer nachrechnen will: Ein Schritt ist etwa 75 cm lang. Wenn also 0,75 Meter 12.000 Jahren entsprechen, kommt man bei 2.500.000.000 Jahren auf rund 156 km.

alle Menschen teilgenommen, die noch nicht zu alt waren und sich nicht um Kleinkinder kümmern mussten?

Die Antworten auf diese Fragen habe ich in der Geschichte frei erfunden, bzw. habe ich Vermutungen von Wissenschaftlern aufgegriffen und sie mit meinen eigenen Vorstellungen ausgeschmückt.

Archäologie: Die ›Lehre vom Altertum‹

Aus den Gegenständen, die in geschützten Bereichen wie in Höhlen, unter überhängenden Felsen oder eingefroren in Gletschern die Zeiten überdauert haben und die von Wissenschaftlern ausgegraben und erforscht werden, lässt sich schon einiges erkennen: Findet man an alten Feuerstellen Knochen vom Schneehasen und Rentier, kann man sich vorstellen, was die Menschen damals jagten und aßen. Von gefundenen Muscheln und Meeresschnecken, die in der Steinzeit sorgfältig zu Schmuck verarbeitet wurden, weiß man, dass diese natürlich nicht in den Alpen lebten, sondern im Mittelmeer verbreitet waren. Wie aber kamen sie dann in unser Gebiet? Es ist kaum vorstellbar, dass die ›Leute vom Großen Fels‹ ihren Urlaub am Meer verbrachten oder mit der gesamten Sippe so weit umherwanderten. Vermutlich trafen sie sich aber mit benachbarten Gruppen, die ihrerseits wiederum mit anderen Kontakt hatten.

Wurde mit den Muscheln gehandelt? Sie waren als Schmuck sicherlich begehrt und könnten Zahlungsmittel z. B. für Steinklingen oder Jagdwaffen – oder auch für Boruds Verrat – gewesen sein.

Besonders spannend sind Funde, die direkt das Zusammenleben der Menschen betreffen: An prähistorischen Feuerstellen im Hochgebirge hat man Milchzähne gefunden. Da sich Kinder hier kaum alleine aufgehalten haben dürften, lässt sich mit großer Wahrscheinlichkeit daraus schließen, dass sich eine ganze Familie hier zur Mahlzeit niedergelassen hatte. Was haben sie wohl gegessen? War das Kind erleichtert, als der ›Wackelzahn‹ endlich herausgefallen war? Hat es ihn stolz herumgezeigt? Oder fiel er zunächst unauffindbar zwischen die Steine, und das Kind war traurig über seinen Verlust?

Erkenntnisse lassen sich auch durch Rückschlüsse aus anderem Wissen gewinnen: Wenn Erdschichten belegen, dass das Klima in Südtirol damals recht kalt war, ist klar, dass die Menschen warme Kleidung gehabt haben müssen.

Wie aber war diese Kleidung beschaffen? Geeignete Pflanzenfasern wie Flachs oder Hanf konnte man noch nicht anbauen. Wolle lässt sich in ausreichender Menge nur gewinnen, wenn Tierherden als Haustiere gehalten werden. Das war bei unseren Steinzeitmenschen aber nicht der Fall. Sie verfügten stattdessen über Felle bzw. Tierhäute, die durch die Jagd auf Rentier, Gams, Steinbock und Hirsch ausreichend vorhanden waren. Auch der heute ausgestorbene, damals aber weit verbreitete Höhlenbär, der fast doppelt so groß war wie unsere heutigen Braunbären, wurde erlegt und lieferte neben der großen Fleischmenge auch einen wärmenden flauschigen Pelz.

Aus Tierhäuten lässt sich mit verschiedenen Methoden haltbares Leder gerben. Bestimmt verwendeten die Menschen auch die Haare, die beim Abschaben der Tierhäute anfielen. Man konnte damit beispielsweise Filz herstellen, aus dem sich warme Mützen fertigen ließen. Sicher nutzen sie auch Gras und Laub aus der Umgebung, so wie viel später ›Ötzi‹ seine Schuhe mit Laub gegen die Kälte ausgepolstert hatte.

Eine andere wichtige Informationsquelle ist einfaches Ausprobieren: Wenn man wissen will, wie viel weiter ein Speer fliegt, der nicht aus der Hand, sondern mit einer Speerschleuder geworfen wird, baut man sich ein Wurfholz, wie es bei Grabungen gefunden wurde, und macht Weitwurfversuche. Dies nennt man ›angewandte Archäologie‹.

Noch in der Generation unserer Großeltern haben die Wissenschaftler geglaubt, die Menschen der Steinzeit hätten durchweg in Höhlen gewohnt. Bis in den letzten Jahren Archäologen dieses Leben selbst ausprobiert haben. Sie kamen schnell dahinter, dass es in einer Höhle meist äußerst ungemütlich ist: Wasser tropft von der Decke, der Boden ist uneben und steinig, oft kann der Rauch des Feuers nicht abziehen, und mit einem vernünftigen Brennholzverbrauch ist eine Höhle nicht heizbar. Viel besser sind dagegen Hütten oder Zelte aus dickem Fell. Bei denen lässt sich der Rauchabzug entsprechend einstellen und sie können winddicht und an geeigneten Stellen aufgebaut werden. Ein Zelt hat zudem den großen Vorteil, dass man es mitnehmen und woanders rasch wieder aufstellen kann. Sehr wahrscheinlich ist daher, dass unsere Vorfahren nur kurzfristig Höhlen besuchten – als Unterschlupf bei Unwettern oder für rituelle und religiöse Handlungen.

Eine weitere Möglichkeit, Erkenntnisse über die Lebensweise der Steinzeitmenschen zu gewinnen, ist, Menschen zu beobachten, die heute noch unter ähnlichen Bedingungen wie damals leben. Bis vor wenigen Generationen sind einige Indianerstämme Nordamerikas als Nomaden den großen Büffelherden gefolgt. Die Samländer in Lappland sind seit Urzeiten mit Rentieren vertraut und die Inuit beweisen bis heute eindrucksvoll, wie es sich auch in arktischer Kälte leben lässt.

Bei der Landschaft, den beschriebenen Gegenständen, Jagdwaffen und dem Alltagsleben im Lager habe ich versucht, mich so weit wie möglich an aktuelle wissenschaftliche Erkenntnisse zu halten.

Sitogas Jagdgebiet

Als Kind habe ich praktisch jeden Urlaub mit meinen Eltern in Südtirol verbracht. Die grandiose Landschaft und die Herzlichkeit der hier lebenden Menschen habe ich sehr lieb gewonnen. Es fiel mir daher nicht schwer, die Romanreihe Amelie auf Anregung des Athesia-Verlages in dieser Region spielen zu lassen. Im *Naturmuseum Südtirol* in Bozen gibt es eine wunderbar gestaltete Dauerausstellung zur geologischen Entwicklung des Landes – besonders zur Geländeformung durch die gewaltigen Gletscher während der letzten Eiszeit und zur nachfolgenden Besiedelung des Gebietes mit Pflanzen und Tieren. So lässt sich erahnen, wie es hier seinerzeit ausgesehen haben muss: Es war deutlich kälter als heute. Die Schneegrenze lag etwa 1.000 m tiefer. Der Boden war in vielen Bereichen ganzjährig gefroren und taute nur in den Sommern an der Oberfläche auf. Wald gab es kaum, Bäume konnten nur vereinzelt an besonders geschützten Stellen wachsen. Archäologische Funde im Trentino, auf der Seiser Alm, im St. Felixer Weiher und bei Naturns belegen, dass hier altsteinzeitliche Gruppen lebten.

Eine wichtige Rolle für das örtliche Klima spielten die gewaltigen Alpengletscher. Als letzter Rest der gerade zu Ende gehenden Eiszeit bedeckten sie immer noch den größten Teil des Alpenraumes. Der Alpen-Hauptkamm war für Menschen damit unüberwindbar. In meiner Geschichte erstreckt sich der Eisrand noch bis etwa zum heutigen Meran. Man kann sich kaum vorstellen, dass der Gletscher im Etschtal teilweise bis zu einem Kilometer dick war.

Die Talsohlen waren sumpfig und Eisack und Etsch dürften viel mächtigere Flüsse als heute gewesen sein, weil sie immer noch die Schmelzwasser der Eiszeitgletscher abtransportierten. In den tief eingeschnittenen Tälern werden sich die Menschen also kaum länger aufgehalten haben. Viel besser geeignet waren dagegen im Sommer die hoch gelegenen fruchtbaren Bergwiesen, wie die Seiser Alm, die mit saftigen Gräsern zahlreiche Beutetiere anlockten. Im Winter, wenn auf den Hochflächen zu viel Schnee fiel, zogen sich die Menschen ebenso wie die Tiere in die mittleren Lagen zurück.

Ackerbau und Viehzucht waren in diesem rauen Land unmöglich. Nur durch die Jagd konnte genug Nahrung zum Überleben beschafft werden. Pflanzen spielten zwar ebenfalls eine große Rolle, dienten aber kaum zum Sattwerden, sondern eher als Ergänzung sowie als Heil- und Würzkräuter. Beeren – vor allem Sanddorn – deckten den Vitaminbedarf. Sicher kannten die Menschen bereits die schmerzlindernde und fiebersenkende Wirkung der Weidenrinde, deren Wirkstoff wir heute als synthetisches Medikament unter dem Handelsnamen ›Aspirin‹ verwenden.

Die Alltagsgegenstände waren wohl vorwiegend aus Holz und Knochen geschnitzt, aus Rinde, Zweigen und Gräsern geflochten und aus Fell und Leder gefertigt. Diese Dinge haben sich aber nur in seltenen Fällen bis heute erhalten. Die frühen Archäologen haben bei Grabungen, beginnend vor ca. 150 Jahren, zunächst fast ausschließlich die harten Steinklingen und -speerspitzen gefunden und so – nicht ganz korrekt – die Bezeichnung ›Steinzeit‹ geprägt.

In meiner Geschichte gibt es übrigens weder Dinosaurier noch Neandertaler. Diese waren längst ausgestorben, bevor die ›Leute vom Großen Fels‹ lebten.

Leseprobe aus Band 2

»Aliya, wo steckst du? Hilf mir mit dem Mehl – und zwar sofort!« Keifend und schrill tönte Nalas Stimme durch das Dorf. Amelie seufzte.

Inzwischen hatte sie sich schon fast daran gewöhnt, dass alle sie ›Aliya‹ nannten. Auch dass sie Nala und Tisander ›Tante‹ bzw. ›Onkel‹ nennen musste, war nichts Neues mehr. Trotzdem erschien ihr immer noch alles wie ein unwirklicher Traum: das Dorf, das auf Pfählen in der Bucht des Sees stand; der Holzsteg, auf dem ein ständiges Kommen und Gehen herrschte und der die einzige Verbindung zum Ufer darstellte; die Wächter, die Tag und Nacht an der Holzpalisade entlanggingen und jede Bewegung am Waldrand aufmerksam beobachteten. Und der kratzige Kragen aus Filz, der ihr den Nacken wund scheuerte.

Sie seufzte noch einmal und streckte ihren schmerzenden Rücken.

Es war wieder geschehen: Erneut hatte es einen Zeitsprung gegeben, als sie mit ihrer Klasse am letzten Schultag vor den Ferien das Pfahlbaumuseum am Ledrosee besuchte. Sie wollte noch die Hütte am Ende des Dorfplatzes besichtigen, während ihre Klassenkameraden schon Richtung Ausgang drängten. Laut Museumsprospekt stellte es das Wohnhaus einer bronzezeitlichen Fischerfamilie dar.

Als sie über die Schwelle trat, stolperte sie ungeschickt und prallte mit einer kleinen dicken Frau zusammen, die mit einem Aufschrei eine Schale voller Getreide fallen ließ. Dem unmittelbar einsetzenden Gezeter konnte sie entnehmen, dass die Person sie für ihre Nichte hielt. Hastig murmelte sie eine Entschuldigung und machte kehrt.

In ihrer Verwirrung bemerkte sie nicht sofort, dass das Pfahlbaudorf sich plötzlich verändert hatte. Ihre Schulklasse war verschwunden, ebenso der Parkplatz mit dem Reisebus und das schmucke Bergdörfchen.

Stattdessen qualmte der große Lehmofen in der Mitte der Bohlenplattform. Wäsche flatterte im Wind. Ein paar Hühner scharrten auf einem Abfallhaufen. Am Seeufer lagen schmale Boote und kräftige Männer mit nacktem Oberkörper besserten schwatzend ihre Netze und Fischreusen aus.

Mehr lest ihr in »AMELIE in der Bronzezeit«
Band 2 aus unserer historischen Jugendroman-Reihe

Danke!

Ein Buch ist niemals das Werk eines Einzelnen. Immer sind viele Menschen mit Ihrem Engagement, ihren Ideen, ihrem Wissen und Können und nicht zuletzt mit selbstloser Hilfsbereitschaft an seiner Entstehung beteiligt. Das beginnt bei der Idee, geht über Konzeption, Recherche, Beurteilung des Manuskripts, Korrektur, Lektorierung, Gestaltung, Illustrierung, Beratung, finanzielle Unterstützung, Satzerstellung, Druck, Bindung, Werbung, Vertrieb bis zum Buchhändler, der schließlich das fertige Exemplar in sein Verkaufsregal stellt.

Ich danke allen, die an diesem komplexen Prozess mitgearbeitet haben!

Stellvertretend für alle wissenschaftlichen Hinweise, die ich von Experten in Internet-Foren, per Email und in persönlichen Gesprächen erhalten habe, bedanke ich mich besonders bei Herrn *Joachim Kreiselmeier* von der *Höhlentauchergruppe Aachprojekt* für umfangreiche geologische Informationen. Herr *Roland Berka* hat mich vor allem über die Verwendung und Nutzung der verschiedenen Feuersteinarten im steinzeitlichen Europa aufgeklärt. Beide habe es geschafft, mir eine plastische und exakte Vorstellung unserer Landschaft nach der letzten Eiszeit zu vermitteln.

Bei der Arbeit am Manuskript haben mich ›meine‹ Testleser mit Ideen, Korrekturen und Hinweisen unterstützt. Genannt seien hier vor allem *Julia Ramsauer und ihre Mutter, Ursula und Anne Wolschendorf, Jane Keller-Pracht und ihr Mann Frank Keller*. Ein ganz besonderer Dank geht an den ersten jugendlichen Testleser des Manuskripts *Manuel Klitschke,* der seine Aufgabe überaus ernst genommen und mir einige Szenen aufgezeigt hat, die unbedingt geändert werden mussten.

Unendlich viel Mühe und Zeit haben mein Vater *Erwin Gronmayer* und mein Schwiegervater *Chris Wolschendorf †* bei der Lektorierung, Korrektur und Überarbeitung des Ur-Manuskriptes aufgewendet. Die Kompetenz der beiden hat die Marktreife des Textes überhaupt erst ermöglicht. Leider durfte Chris die Fertigstellung des Buches nicht mehr erleben.

Meine Mutter *Margrit Gronmayer* hatte die Idee, das Manuskript dem Athesia-Verlag anzubieten.

Danke an die Projektleiterin Frau *Astrid Fleischmann,* die mein Text überzeugen konnte und die mir Herrn *Roland Poli* als hervorragenden Lektor, als Kenner der Geschichte Südtirols und pädagogischen Berater vermittelt hat.

Meine Hochachtung spreche ich den Mitarbeiterinnen und Mitarbeitern des Athesia-Verlages aus, die auch in wirtschaftlich schwierigen Zeiten an bewährten Traditionen festhalten. Sie sind das unternehmerische Risiko eingegangen, einen noch unbekannten Autor herauszubringen, wo viele andere Verlage inzwischen nur noch einen reinen Lizenzhandel betreiben. Herzlichen Dank im Namen aller ›Nachwuchs‹-Autoren!

Trotz der vielfältigen Unterstützung bin selbstverständlich *ich allein* für alle eventuellen Fehler, Irrtümer, Ungenauigkeiten und falschen Darstellungen verantwortlich.

Für treue Unterstützung, Verständnis, Mut-Machen, liebevolle Tritte-in-den-Allerwertesten zur richtigen Zeit und den festen Glauben an mich und meine Projekte geht der herzlichste Dank an meine Frau *Ruth* und unsere Tochter *Sonja.* Was wäre ich ohne euch?

Rottweil, im Frühjahr 2011
Jörg Gronmayer

JÖRG GRONMAYER

Amelie in der Bronzezeit

Historischer Jugendroman
Band 2
176 Seiten
Format 15 x 21 cm
ISBN 978-88-6011-155-5
Preis € 12,90

»Begib dich mit der 12-jährigen Amelie und ihren Freunden auf eine Abenteuerreise in unsere ferne Vergangenheit.

Entdecke den Alltag der Menschen in einem Pfahlbau-Dorf der Bronzezeit. Überquere mit einer Handelskarawane die Alpen und erlebe, wie Räuberbanden und Wetterstürze diese Reise bis an die Küste der Ostsee zu einem lebensgefährlichen Abenteuer werden lassen.

Wer ist das geheimnisvolle stumme Mädchen, das die Händler im Hochgebirge finden? Können die Jugendlichen – völlig auf sich allein gestellt – Jariks Vater vor der Hinrichtung retten?«

Die Geschichte spielt in der späten Bronzezeit vor etwa 3.500 Jahren. Die Menschen im heutigen Südtirol und Europa leben in Pfahlbau-Dörfern und befestigten Siedlungen. Wertvolle Handelsgüter wie Zinn und Bernstein werden über riesige Entfernungen transportiert.

Erscheint demnächst

Jörg Gronmayer, geboren 1968, lebt mit seiner Familie in Süddeutschland.

Als Kind verbrachte er die Schulferien fast jedes Jahr mit seinen Eltern in Südtirol.

Als Jugendlicher bereiste er mit dem Fahrrad und einem Zelt Europa, studierte später Pädagogik und lebte mehrere Jahre in einem klapprigen Wohnwagen. Danach gründete er eine Firma als Programmierer und IT-Berater.

Seine Begeisterung fürs Schreiben entdeckte er, als seine Tochter anfing, Bücher geradezu zu verschlingen.